WWW.2BEKNOWN.DE

2BEKNOWN
CONSULTING CONTACTS CONNECTIONS

04

„Möge der Direktkontakt nicht nur Ihr Geschäft, sondern auch Ihr Leben bereichern!"
Alexander Riedl

www.Fremdkontakt.de

Dieses Buch enthält die vollständige Beschreibung der 2BEKNOWN-Methode. Es ist in seiner Art einzigartig und hat die Absicht, als Standardwerk und Handbuch für den praktizierenden Kontakter zu dienen. Es ist sowohl für den Anfänger als auch für den Fortgeschrittenen absolut empfehlenswert.

Mitwirkende:

- **Rainer von Massenbach** und **Tobias Schlosser** sind die Begründer dieser Methode. Sie finden viele Themen und auch persönliche Erfahrungen der beiden zum Thema Direktkontakt in diesem Buch.

- **Alexander Riedl** produzierte und editierte dieses Buch.

- Die ca. 80.000 angesprochenen und kontakteten Personen, die durch ihre Reaktionen geholfen haben, diese Methode zu entwickeln.

- Unsere Seminar- und Workshopteilnehmer, die einen wichtigen Beitrag zur Entstehung der Methode beigetragen haben.

INHALTSVERZEICHNIS

Vorwort	9
Die Begründer der 2BEKNOWN-Methode	10
Der Direktkontakt	14
Der geborene Direktkontakter	15

DIE 2BEKNOWN-METHODE

PART 1
Die Entstehung der 2BEKNOWN-Methode **16**

Ihre ultimative Aufgabe im Vertrieb	22
Zukunftstrends als Argument für den Direktkontakt	24
High Potentials	28

PART 2
Die Persönlichkeit des Kontakters **32**

Die Einstellung des Kontakters	33
Zurückweisung und die Angst, jemanden anzusprechen	34
Identifikation	35
Ziele als „Selbstbewusstseins-Turbo"	37
Planen Sie Aktivitäten, niemals Ergebnisse	40
Körpersprache und Stimme	41
Lachen	42
Analogietests	44
Unangenehme Situationen und Konfrontation	46

PART 3

Wichtiges zum Kontakten **48**

Das müssen Sie investieren 48

Äußerlichkeiten 49

Alleine, zu zweit oder in der Gruppe kontakten 50

Regeln für das Kontakten in der Gruppe oder zu zweit 51

Fröscheküsser oder Prinzensucher 52

Wie definiere ich meine Zielgruppe? 53

PART 4

Das 2BEKNOWN Stufenmodell **58**

Warum besteht die 2BEKNOWN-Methode aus verschiedenen Bausteinen? 58

Meisterschaft in Einfachheit 59

Das 6–Stufenprogramm 62

Verinnerlichung und Rückschritte 66

PART 5

Die 5 Bausteine zum erfolgreichen Direktkontakt **68**

1. Baustein: Der Eröffnungssatz 69

2. Baustein: Begründen Sie die Ansprache 70

3. Baustein: Identifikation mit dem Gegenüber 72

4. Baustein: Implementierung Ihrer Geschäftsidee 73

5. Baustein: Generierung von Kontaktdaten 75

Exit 77

Die Problematik der schweren Füße 78

PART 6

Grundregeln für den praktizierenden Kontakter   **82**

Örtlichkeiten   82
Der erste Kontakt ist immer der schwerste   83
Pärchen und Gruppen ansprechen   84
„Du" oder „Sie"?   85
Nicht zögern   86
Körpersprache   87
Fragen über Fragen   88
Visitenkarten oder Zettel   89
Das Leben findet draußen statt!   89

PART 7

Der indirekte Fremdkontakt   **90**

Grundsätzliches zum indirekten Kontakten   90
Der Einstieg   91
Wie baue ich ein Gespräch auf?   93
Die „Elevator Pitch"   95
Der „Close" beim indirekten Kontakt   97
Nachbearbeitung   98
So geht es weiter   99

PART 8

Erste Schritte   **100**

Lehrjahre sind keine Herrenjahre   102
Das erste Mal und immer wieder   103
Herzlichen Glückwunsch!   104
Wie geht es weiter?   105

VORWORT

Sie werden in Ihrem Geschäft auf ganzer Linie scheitern, wenn Sie nicht lernen, wie Sie immer und überall mit Menschen in Kontakt treten können.

Habe ich Ihre Aufmerksamkeit?

Gut! Denn Kontakte zu machen, ist im Vertriebsbereich ein sehr spannendes Thema. Wenn Sie nicht der gleichen Ansicht wären, würden Sie dieses Buch nicht in den Händen halten.

Wenn Sie Ihren Traumkörper haben wollen, dann brauchen Sie einen guten Trainingsplan.
Und wenn Sie ein Haus bauen wollen, dann brauchen Sie auch einen Plan, richtig?
Also was tun Sie, wenn Sie lernen wollen, wie man immer und überall neue Geschäftspartner gewinnt?
Die 2BEKNOWN-Methode ist der erprobte und tausendfach angewandte Plan, um sich genau diese Fähigkeit aufzubauen.

Es ist kein Geheimnis, dass Rainer von Massenbach und Tobias Schlosser Koryphäen auf dem Gebiet des Direktkontakts sind. Aufgrund ihrer Fähigkeiten wurden sie immer wieder von anderen Vertriebsmitarbeitern gefragt, wie ihr System funktioniert. So begannen sie, ihre Techniken informell zu schulen. Mit diesem Wissen konnten auch andere nach kurzer Zeit den Direktkontakt für Ihr Geschäft nutzen.

Dieses Buch ist nicht dafür geschrieben, dass Sie es lesen und dann zur Seite legen. Betrachten Sie es als Begleiter und als Arbeitsbuch. Markieren Sie sich die Stellen, die Ihnen wichtig erscheinen. Auch wenn Sie am Anfang nicht alles verstehen, oder wenn Ihnen das eine oder andere unlogisch erscheint, probieren Sie es aus! Wenn Sie täglich trainieren und sich verbessern, erschließen sich immer neue Möglichkeiten der Kontaktaufnahme, und die Dinge erklären sich von selbst. Dieses Buch dient als Referenz und treuer Begleiter, um Sie an diese Methode heranzuführen.

DIE BEGRÜNDER DER 2BEKNOWN-METHODE:

Rainer Gemmingen Freiherr von Massenbach

Als Spross einer Adelsfamilie schien für mich der klassische, geebnete Weg der Richtige zu sein. Doch eine Banklehre, Studium und der spätere Job als Anwalt, Steuerberater oder strategischer Unternehmensberater kamen für mich nicht in Frage.

Schon kurz nach dem Abitur durchkreuzte das „Abenteuer Strukturvertrieb" die Pläne meiner traditionell denkenden Familie.
Auf außergewöhnliche, aber sehr direkte Art und Weise wurde ich von meinem Freund und Mentor Tobias Schlosser für eine Karriere im Finanzdienstleistungsbereich rekrutiert.

Von den Möglichkeiten hoch motiviert und von meinem ausgeprägten Unternehmergeist beflügelt, gelangen mir in sehr jungen Jahren phantastische Erfolge im Karrieresystem meines Finanzvertriebs.

Durch meine unkonventionelle Art und Weise, immer und überall mit Menschen in Kontakt zu treten und diese Eigenschaft zu multiplizieren, wuchs meine Vertriebsmannschaft stetig und kontinuierlich an.

Aus der Motivation, meine Erfahrungen und das damit erlangte Expertenwissen aus dieser Zeit auch für andere Vertriebsmitarbeiter und Unternehmer unterschiedlicher Branchen nutzbar zu machen, entstand die Idee für 2BEKNOWN.

Hier bin ich Spezialist für außergewöhnliche Denkansätze, Networking im weiteren Sinne und Kommunikationsprofi aus Leidenschaft.

Diese Leidenschaft wünsche Ich Ihnen bei allen Aufgaben im Leben.

Ihr Rainer von Massenbach

„Niemand, der es beherrscht, immer und überall Menschen kennen zu lernen, muss sich jemals in seinem Leben wieder finanzielle Sorgen machen."

Rainer von Massenbach – 2BEKNOWN

Tobias Schlosser

Aufgewachsen in Leipzig, sammelte ich anfänglich als Physiotherapeut insbesondere in der Fitness- und Gesundheitsbranche erste Erfahrungen im Bereich der Kommunikation und Motivation von Menschen.

Während meines Studiums der Psychologie hatte ich erste Kontakte mit der freien Wirtschaft und entschloss mich zu einer Vertriebstätigkeit bei einem Strukturvertrieb. Nach anfänglichen Schwierigkeiten mit den etablierten Methoden, entwickelte sich dieses Geschäft dann sehr positiv. Mit der Rekrutierung meiner ersten Geschäftspartner entdeckte ich meine Leidenschaft für den Gruppenaufbau und hier insbesondere für das professionelle und stilvolle Kontakten sowie die Ansprache von potentiellen Geschäftspartnern durch die Technik des Direktkontaktes.

Dieses Know-How habe ich in unzähligen Gesprächen kultiviert und immer weiter verbessert. Dadurch war ich in der Lage, während meiner Tätigkeit in Leipzig und als Stützpunktleiter in München jeweils Gruppen von beachtlicher Größe aufzubauen.

Während dieser Zeit gab ich mein Spezialwissen auch gerne sehr motivierend an Kollegen und Mitarbeiter weiter. Schnell machte ich mir einen Namen als Kontaktprofi und Referent zum Thema Mitarbeitergewinnung.

Auch meinen heutigen Geschäftspartner Rainer von Massenbach brachte ich durch Direktkontakt ins Geschäft und legte damit den Grundstein für eine gewinnbringende Geschäftspartnerschaft und eine nunmehr 5 Jahre dauernde Freundschaft.

Die Fähigkeit und Leidenschaft, Menschen immer und überall auf kürzestem Wege direkt ansprechen zu können, ist damit die Grundlage für das heutige Seminar- und Workshopkonzept von 2BEKNOWN.

Probieren Sie es aus! Trauen Sie sich!

Ihr Tobias Schlosser

„Wenn Sie es nicht beherrschen, die Menschen auf Ihr Geschäft anzusprechen und sie von sich zu überzeugen, dann sind Sie falsch im Vertrieb."
Tobias Schlosser – 2BEKNOWN

DER DIREKTKONTAKT

Fremdkontakt, Direktansprache, Direct Recruiting ... immer häufiger fallen diese Schlagworte. Doch eine eindeutige Definition für diese Begriffe gibt es aufgrund der unterschiedlichen Branchen und Anwender bisher nicht.

Wir haben uns sehr intensiv mit dieser Methode und ihrer Anwendbarkeit für Strukturvertriebe und MLM-Systeme auseinandergesetzt und als Definition für Sie zusammengefasst:

„Direktkontakt ermöglicht es Ihnen, immer und überall mit Spaß und Niveau neue Geschäftspartner kennen zu lernen.
Es handelt sich hierbei um eine erlernbare, soziale Fähigkeit, die darin besteht, in verschiedensten Situationen die Menschen auf kürzestem Wege unkonventionell anzusprechen, diese für Ihr Geschäft/Produkt zu begeistern und bei beiderseitigem Interesse Kontaktdaten auszutauschen."

Mit den Menschen um sich herum in Kontakt treten zu können, ist eine Fähigkeit, die alle Bereiche Ihres Lebens nachhaltig verändern wird. Wenn Sie die ersten Menschen ansprechen und deren Reaktionen beachten, tauchen nach einiger Zeit Muster auf, die es Ihnen ermöglichen, Neues auszuprobieren und die Ergebnisse stark verbessern. Hier entstehen nicht nur geschäftliche, sondern auch wertvolle persönliche Kontakte. Denn nicht jeder Angesprochene ist für Ihr Geschäft geeignet oder an einer beruflichen Neuorientierung interessiert. Mancher wirkt jedoch so sympathisch und interessant, dass sich daraus ein privater Kontakt entwickelt.

Egal welches Geschäft Sie betreiben und wen oder was Sie suchen, wenn Sie Menschen für Ihr Vorhaben begeistern können, wird sich Erfolg einstellen!

Viele Menschen, die unsere 2BEKNOWN-Methode anwenden, berichten zudem von ganz neuen Möglichkeiten, ihr soziales Umfeld zu gestalten. Lassen Sie das 2BEKNOWN-Team Ihren Mentor sein, und erhöhen Sie dadurch Ihren Lerneffekt.

„Die Fähigkeit, Menschen auf direktem Wege anzusprechen, ist Millionen wert!"
Inhaber eines Unternehmens, das wir exklusiv beraten.

DER GEBORENE DIREKTKONTAKTER

Direktkontakt ist eigentlich ein ganz natürlicher Vorgang. Stellen Sie sich vor, Sie sitzen in einem Café und am Nebentisch sitzt der optimale Kandidat für Ihr Geschäft. Sie trinken Ihren Kaffee und entspannen sich. Nach kurzer Zeit ergibt sich ein entspanntes Gespräch über dies und das. Sie erzählen von Ihrem Geschäft, und plötzlich ist Interesse da. Sie tauschen Kontaktdaten aus und verlassen mit der Telefonnummer in der Tasche das Café.
Haben Sie es gemerkt? Ein Direktkontakt!

Doch wie oft passiert so etwas? Einmal in der Woche? Einmal im Monat?

Und genau darum geht es uns bei 2BEKNOWN. Der Direktkontakt gibt Ihnen die Möglichkeit, diese Situation zehn Mal täglich herbei zu führen.

Ganz am Anfang muss man wissen: Der Direktkontakt ist nicht das Allheilmittel für Ihre Probleme! Weder Rainer von Massenbach noch Tobias Schlosser wurden mit dieser Fähigkeit geboren.
Ein weiterer Fakt ist: Kaum jemand, der von sich behauptet, er wäre in der Lage, durch Direktkontakt neue Mitarbeiter zu gewinnen, kann dies wirklich. Meist spielt hier verletzter Stolz oder ein übergroßes Ego eine Rolle.

Jeder kann das eine oder andere Mal jemanden ansprechen.
Und wenn die Situation passt und es der Zufall so will, bekommt man sogar die Telefonnummer. Doch den meisten Vertriebsmitarbeitern ist gar nicht bewusst, wie ein qualitativ hochwertiger Direktkontakt aussieht, geschweige denn, wie man diesen quantitativ umsetzt.
Niemand gibt gern zu, die natürlichste aller Kontaktaufnahmen, nämlich die „von Mensch zu Mensch", nicht zu beherrschen.

DIE 2BEKNOWN-METHODE

PART 1
DIE ENTSTEHUNG DER 2BEKNOWN-METHODE

Es gibt Menschen, die immer und überall bei verschiedensten Anlässen mit den unterschiedlichsten Menschen kommunizieren können. Sie haben immer einen flotten Spruch auf den Lippen, immer eine wahnsinnige Geschichte zu erzählen. Diese Menschen werden im Leben immer erfolgreich sein. Sie sind interessant, man hört ihnen gerne zu, und das Leben dieser Menschen scheint immer spannender zu sein als alle James-Bond-Filme zusammen.
Doch Rainer von Massenbach war nichts von alledem. Er war der typische schüchterne Loser, der auf den Partys mit der Cola in der Ecke stand und so aussah, als wäre Streichhölzer sortieren sein Hobby.

Ein „Anti-Vertriebler" in Hochwasserhosen.
Ein Typ, der alles andere als ein extrovertiertes „Kontaktschwein" mit haufenweise Frauen an seiner Seite ist. Bis zum unteren Ende der Nahrungskette war zu diesem Zeitpunkt noch jede Menge Platz nach oben. Mit Menschen zu kommunizieren, oder der Gedanke, möglicherweise sogar jemanden anzusprechen, lag außerhalb seiner Vorstellungskraft.

Damals hätte niemand gedacht, welch eindrucksvolle Entwicklung dieser unscheinbare, junge Mann noch vor sich hatte.

Doch eines Tages, als er sich schon fast mit seiner Situation abgefunden hatte, kam alles anders: Tobias Schlosser kam gerade aus Leipzig in München an, nachdem er dort seine gesamte Vertriebsmannschaft verloren hatte.

Mit nichts außer 100 € in bar, 2 Anzügen, 3 Unterhosen, 4 Hemden und einer schwarzen Mercedes E-Klasse erreichte er sein Ziel.

Hätte er auf seine Freunde und seine Familie gehört, wäre er nie diesen Schritt gegangen und auf dem Weg nach München mindestens zehn Mal wieder umgekehrt. Doch schon in der ersten Woche ergab sich ein Treffen, das wohl eher wie eine Begegnung der dritten Art erschien, als der Beginn einer fruchtbaren geschäftlichen Beziehung:
Extrovertierte, hochmotivierte „Vertriebs- und Kontaktmaschine" mit

Brustfell und Kraftsportlerkörper trifft schüchternen, introvertierten Schüler mit O-Beinen und Hamsterfigur.

Trotz der ungleichen Verhältnisse wurden Telefonnummern ausgetauscht und ein Termin vereinbart.

Der Rest ist Vertriebsgeschichte.

Tobias Schlosser beschreibt seinen ersten Tag in München folgendermaßen:

"Sommer, Sonne, Sonnenschein" - und ich sitze in meinem Mercedes auf der Autobahn Richtung München. Neue Stadt, neues Glück, denke ich mir.

Das muss wohl so sein. Mein Handy habe ich dummerweise nicht ausgeschaltet und bin so den ständigen Anrufen meiner Familie und Freunde ausgesetzt.

Alle tun so, als hätte ich behauptet, ich würde an den Nordpol auswandern und hätte vor, den Eskimos Klimaanlagen zu verkaufen: „Da verstehst Du kein Wort als Ossi!" und „Der Markt ist dicht in München." „Du hast dort keine Kontakte!" oder auch „In München gelten andere Gesetze." sind nur einige der Sätze, die ununterbrochen auf mich einprasseln. Beherzt trete ich auf das Gaspedal und verdränge alle negativen Gedanken.

Noch am Ortseingang von München, direkt von der A9 herunter, mache ich meinen ersten Kontakt an der Tankstelle:

Ein Typ mit schickem Anzug und Krawatte betankt gerade seinen glänzenden Audi A8 ….
„Hallo, sind Sie zufällig aus München oder der Umgebung (Nummernschild M)?", sage ich und hoffe, dass er mich trotz meines Leipziger Slangs versteht... „Ja", antwortet er, und ich bin erleichtert, dass meine Message angekommen ist. Jetzt geht's los, denke ich mir und gebe alles:

Ich: *„Wissen Sie was, ich bin gerade hier in München angekomme und werde in den nächsten Wochen mein Geschäft hier erweitern! Sie sehen aus, als wären sie geschäftlich sehr erfolgreich. Darf ich fragen, was Sie beruflich machen?"*
Er: *„Ich bin selbständiger Architekt!"*
Ich: *„Selbständig…….Super! Ich arbeite bevorzugt mit Unternehmern zusammen.*
Deswegen meine Frage an sie: Sind Sie generell offen für neue geschäftliche Möglichkeiten?
Er: *„Ja, aber was machen Sie denn?"*

Karte raus…

Er: *„Ahh, von der Versicherung!"*

Ich: „Ja, ich baue gerade eine neue Niederlassung auf und suche speziell Menschen mit Führungsqualitäten. Ich bin verantwortlich für die Bereiche Vertriebskoordination, Mitarbeiterführung und Großgeschäfte.
Sind Sie offen für ein gutes, geschäftliches Angebot?"
Er: Lacht. "Ich weiß zwar nicht genau, um was es geht, aber unterhalten kostet ja nichts."
Ich: „Genau, deswegen gebe ich Ihnen mal meine Karte, und wir telefonieren einfach mal. Haben Sie eine Karte von sich?"
Er: „Selbstverständlich."

Wir tauschen Visitenkarten aus, und ich sage:
„Gut, ich bin jetzt zwei Tage geschäftlich in Stuttgart. Ich melde mich bei Ihnen, wenn ich wieder in München bin, um einen Termin für ein Treffen zu vereinbaren."
Er: „Sehr gerne!"
Ich: „Auf Wiedersehen!"

Nach dem Kontakt denke ich mir: „So, jetzt gibt es eine neue Zelle in München!"

Die nächste Ansprache mache ich auf der Leopoldstraße...
Mit dem Auto rechts ran, Scheibe runter...."Hallo, können Sie mir kurz helfen?" ...

Noch bevor ich Kontakt zu einem meiner befreundeten Kollegen in München aufnehme, habe ich 25 neue, potentielle Gesprächspartner mit Namen und Telefonnummer. Von wegen der Markt ist dicht!
Wenn so ein dichter Markt aussieht, dann sollten die Typen mal nach Leipzig fahren.

Als ich in München im Büro meines befreundeten Kollegen ankomme, wird mir klar, dass ich in ein Wespennest gestochen habe. Mit einem Lächeln auf dem Gesicht stellt er eine Tasse Kaffee vor mir ab und fragt: „Und?"
Ich sage: „Ich habe gerade 25 Telefonnummern geholt!"

Seine zu diesem Zeitpunkt anwesenden Geschäftspartner verstehen die Welt nicht mehr.
Selbst einem seiner besten Führungskräfte fällt fast sein Mittagessen aus dem Mund. Ich werde von allen Seiten angestarrt, als wäre ich der grüne Hulk und dabei, ein Flugzeug mit der Hand in der Luft anzuhalten.

In den nächsten zwei Tagen generiere ich durch Direktkontakt 50 weitere Telefonnummern von Gesprächskandidaten und beginne am 4. Tag nach meiner Ankunft in München mit dem Rekrutieren neuer Geschäftspartner.

Ich habe ab diesem Zeitpunkt jeden Tag 8-10 stehende Termine und nach kürzester Zeit wieder ein ansehnliches Team aufgebaut - DANK DIREKTKONTAKT."

Zusammen bauten Rainer von Massenbach und Tobias Schlosser dann innerhalb von 2 Jahren Mannschaften für den Finanzstrukturvertrieb mit über 120 aktiven Vermittlern, sowie verschiedene Stützpunkte auf.
Wie das ging, fragen Sie sich? Durch Direktkontakt!

Tobias Schlosser hatte schon in Leipzig durch seinen Mentor die Grundzüge des Direktkontakts gelernt, zusammen mit „Reeena" (ostdeutsch für Rainer) entwickelte das so entstandene Team den Direktkontakt in Tausenden von Ansprachen und Kontakten.

Alte Aspekte und Erfahrungen wurden aufgegriffen, neue Ansätze hinzugefügt und ganze Muster wieder verworfen. Das alles geschah natürlich immer vor dem Hintergrund des eigenen Geschäftsaufbaus.
Nach und nach fragten immer mehr Menschen innerhalb der eigenen Firma nach Tipps, Tricks und neuen Techniken für das eigene Geschäft, was bald auch auf andere Unternehmen übergriff.

Es entstanden kleine Einzeltrainings und Workshops mit wenigen Teilnehmern, Checklisten und Zusammenfassungen wurden erstellt und eines Tages fiel die Entscheidung: „Wir machen das zu unserem Hauptgeschäft. Unsere Methode kann jeder lernen, und derjenige hat damit das beste Werkzeug zur Mitabeitergewinnung an der Hand. Immer und überall. Mit Spaß und Niveau!"
Die 2BEKNOWN-Methode ist einer spannenden Dynamik ausgesetzt.

Jeder, der mit dieser Methode den Direktkontakt lernt, macht die gleichen Schritte. Doch letztendlich entwickelt jeder seinen eigenen Stil. In den zahlreichen Workshops ist es immer wieder sehr amüsant zu sehen, wie sich die verschiedenen „Ticks" und persönliche Eigenarten entwickeln. Tobias Schlosser beispielsweise hat die Angewohnheit, sich vor jedem Kontakt zu räuspern, Rainer von Massenbach dagegen meldet sich wie in der Schule, wenn er den ersten Satz spricht.

21

2BEKNOWN
CONSULTING CONTACTS CONNECTIONS

IHRE ULTIMATIVE AUFGABE IM VERTRIEB

WACHSTUM UND UMSATZ BEWIRKEN

IHRE HAUPTDISZIPLINEN IM VERTRIEB:

VERKAUF **MITARBEITERAUFBAU**

Verkauf: Der Verkauf ist die Basis eines jeden Vertriebes. Ohne Verkauf werden keine Produkte abgesetzt, und es findet keine Wertschöpfung statt. Ohne Verkauf verdienen Sie kein Geld!

Mitarbeiteraufbau: Die Rekrutierung und der Erfolg der von Ihnen angewandten Methode entscheidet darüber, ob Ihr Team wächst oder schrumpft. Jeder, der kein System dafür nutzt ist auf Gedeih und Verderb dem Zufall ausgeliefert.

Denn eines ist sicher: Jede Art von Vertrieb ist ein dynamisches Geschäft und unterliegt der ständigen Selbstbereinigung und Neuorganisation.

Nachhaltiges und schnelles Wachstum erreichen Sie nur durch ständige Rekrutierung von neuen Mitarbeitern. Dies sollte durch mit System und durch eine multiplizierbare Methode vorangetrieben werden.

Während in der Vergangenheit im MLM und in Struktur-Vertrieben ein tiefer, aber schmaler Aufbau Konjunktur hatte, dreht sich seit einiger Zeit dieser Trend um.

Flachere, aber dafür breitere Strukturen bringen sowohl mehr Einkommen als auch größere Sicherheit. Genau deshalb sollten sich auch „Alte Hasen" mit dem Thema Direktkontakt zur Mitarbeitergewinnung auseinandersetzen und sich neuen Techniken öffnen.

Natürlich gilt das nicht für alle Systeme, doch der Verkauf und die Rekrutierung verschmelzen immer mehr miteinander. Es gibt viele außergewöhnlich gute Verkäufer, die beim Kunden Traumquoten nahe

90% erreichen. Und auch Führungskräfte, die man aufgrund Ihrer emotionalen Intelligenz als „Götter der Einarbeitung" bezeichnen könnte. Doch viele von ihnen scheitern an einem Problem, das alle anderen Dinge unerheblich und klein erscheinen lässt:
Mangel an Potential!

Ein Top-Verkäufer ohne Kundenkontakt ist genauso erfolglos wie eine Top-Führungskraft, deren Team aus null Mitarbeitern besteht.
Ohne ausreichendes Potential, ohne Kontaktdaten von zukünftigen Kunden oder Mitarbeitern ist jeglicher Versuch, Produkte abzusetzen, schon im Vorhinein gescheitert.

ZUKUNFTSTRENDS ALS ARGUMENT FÜR DEN DIREKTKONTAKT

Ein Student kennt einen Student kennt einen Student. Kennen Sie diese Metapher?

Die grundsätzliche Annahme, von der wir hier ausgehen ist, dass jeder Mensch seine sozialen Kontakte in ähnlichen Verhältnissen hat.
Wenn wir nun eine Empfehlung von einer Person bekommen, die wenig für unser Geschäft geeignet ist, steigt die Wahrscheinlichkeit, dass es sich beim Empfohlenen ähnlich verhält.
Denn meist erfolgen Empfehlungen degressiv. Wenn Sie nach einer Empfehlung fragen, und wir klassifizieren das Umfeld des Empfehlungsgebers in A, B und C Kontakte, wobei A dem höchsten und C dem niedrigsten sozialen Status entspricht, so besteht eine sehr hohe Wahrscheinlichkeit, dass wir Empfehlungen bekommen, die nach B oder C klassifizierbar sind.

Das geschieht meist aus Selbstschutz. Wenn die Überzeugung für die Sache nicht 100% stimmt, so werden erst einmal die minderwertigen Kontakte genutzt und als Empfehlung weitergegeben.
Doch das wollen wir ja nicht. Es geht darum „nach oben" und nicht „nach unten" zu rekrutieren, um Erfolg zu haben.
Diese Problematik der degressiven Empfehlungskette entfällt beim Direktkontakt, da Sie hier die Menschen direkt auswählen.

Rainer von Massenbach beschreibt seine eigene Ausgangsposition:

„Ich war niemals der optimale Mitarbeiter für den Strukturvertrieb. Da ich in der Schule nicht gerade der Anführer der Klasse war und privat derjenige, den man nicht auf seiner Party dabei haben mochte, war mein Kontaktkreis dementsprechend klein.

Meine einzigen sozialen Kontakte waren ein paar Schüler aus meiner Klasse, was mein einziges Namenspotential darstellte. Bei diesen führte ich auch meine ersten Gespräche durch. Doch Schüler sind nicht unbedingt die Zielgruppe, um Lebensversicherungen zu verkaufen. Denn diese kennen meist nur ihresgleichen, und nach einigen Gesprächen hatte ich viele für mein Geschäft unbrauchbare Empfehlungen gesammelt.

Ich wusste: Empfehlungen sind die einzige Möglichkeit, um an Potential zu kommen. Was mich zudem störte, war, dass ich dadurch immer als Bittsteller auftrat. Nicht als Bieter, nein, ich bettelte regelrecht um Namen.

Eine noch weniger erfolgreiche Alternative stellte die Kaltakquise per Telefon dar. Meine Quoten waren hier miserabel. Die Leute, die ins Büro kamen, waren meist abgebrannt, und ich hatte immer das Gefühl, die Chance, die ich bot, sei der letzte Strohhalm, nach dem sie griffen. Die wenigsten dieser Menschen konnten sich unser Einstiegsseminar leisten.

Ehrlich gesagt: Diese Leute waren vom Status her noch schlechter gestellt als ich. Also auch nicht die optimale Zielgruppe.
Bei meinen Kollegen sah ich, wie der Direktkontakt funktionierte.
Doch mir fehlte einfach der Mut dazu, jemanden anzusprechen.
Tobias Schlosser brachte mir die Lösung: Durch ihn lernte ich meine ersten Schritte.

Bei mir haben seine harten Trainingsmethoden funktioniert, aber ob das so multiplizierbar ist?

Meine eigene Kontakterkarriere begann folgendermaßen:
Eines Tages stand ich mit Tobias in einer Bank, gegenüber lehnte eine sehr attraktive Geschäftsfrau am Geldautomaten.
An solch eine Frau hätte ich mich damals nicht einmal in Gedanken herangewagt.

Tobias ging einfach zu ihr und sagte:
„Hallo, mein Kollege hätte mal eine Frage an Sie." Dann drehte er sich um und ließ mich alleine stehen.
Mir rutschte in diesem Moment das Herz in die Hose.
Im Nachhinein weiß ich nicht mehr, was ich damals in meiner Aufregung gesagt habe. Als wir dann aus der Bank hinausgingen, ging es gleich weiter: Gleiches Spiel, neues Glück.
Auf diese Art lernte ich zu kontakten. Nur ein Problem gab es: Solche Methoden sind nicht multiplizierbar. Das verkraften nicht viele neue Mitarbeiter in diesem Geschäft. Also musste eine Methode gefunden werden, wie man jedem Menschen das Kontakten beibringen kann."

In Zukunft wird sich dieser Trend noch verstärken. Das „Cocooning", der Rückzug aus der Öffentlichkeit, die Verringerung der guten sozialen Kontakte und die Beschränkung auf weniger, aber intensivere Beziehungen hat im Mainstream Einzug gehalten.

Social-Networking-Seiten im Internet unterstützen diesen Trend, da hier leicht Kontakt gehalten werden kann, ohne großen Zeitaufwand betreiben zu müssen. Wir werden zukünftig immer mehr in der Lage sein, selbst zu bestimmen, mit wem wir wann Kontakt zulassen und mit wem nicht. Ein immer weiter verbreitetes Symptom dieses „Cocooning" ist, dass viele keine Anrufe auf Ihrem Mobiltelefon mehr annehmen, wenn keine Nummer angezeigt wird.

Rainer von Massenbachs Meinung zum Thema „Cocooning" und Werbung:

„Beim Fremdkontakt liegt die Genialität darin, dass ich alle Menschen auf einem neuen Weg erreiche. Jeden Tag werde ich von Werbung überschwemmt, schon morgens finde ich 20 Spam-Mails in meinem E-Mail-Account. Wenn ich ins Auto steige, werde ich von Radiowerbung überschwemmt, die Plakate auf dem Weg ins Büro erdrücken mich fast. Sogar auf meinen täglichen Arbeitsmitteln (Tasse, Kugelschreiber, Feuerzeug) ist Werbung aufgedruckt.

Um mit dieser Art der Werbung Erfolg zu haben, ist eine unglaubliche Schlagzahl vonnöten. Meist werden diese „Public Relations" von multinationalen Konzernen auf lange Zeit einem breiten Publikum fast gebetsmühlenartig präsentiert, um langfristig Verhaltensmuster und Konsum zu beeinflussen. Doch der Mensch hat gelernt, auf gewisse Eindrücke nicht mehr zu reagieren (oder lesen Sie alle Spam-Mails, die Sie erhalten?) oder diese einfach auszublenden. Und genau diesen Filter durchbrechen Sie beim Direktkontakt!

Auf SocialNetworking-Seiten im Internet kann ich festlegen, welche Menschen mich noch kontaktieren dürfen. Ich gehe nicht einmal mehr an mein Telefon, wenn jemand unterdrückt anruft. Ich erwarte regelrecht, dass sich mein Gegenüber am anderen Ende der Leitung vorher ausweist. Denn auch ich habe meine Erfahrungen mit nervigen Callcentern und penetranten Telefonverkäufern gemacht."

All diese Probleme umgehen Sie durch den Direktkontakt, da Sie hier den Menschen direkt vor sich haben. Sie können ohne Empfehlung aufwärts rekrutieren und sich ohne Umwege die Menschen suchen, die zu

Ihnen passen.

Aufgrund dieser Tatsache war es meine Idee, die Kontaktpower und Kontaktfreude eines Tobias Schlosser mit den Defiziten einer schüchternen Person wie mir zu kombinieren. Die Herausforderung war es, einen logischen Leitfaden zu entwickeln, der es jedem ermöglicht, Menschen direkt für sein Geschäft anzusprechen.

HIGH POTENTIALS

Wir verstehen darunter Menschen, die beruflich, geschäftlich, persönlich, gesellschaftlich oder auch finanziell überdurchschnittlich erfolgreich sind.
Menschen anzusprechen, die offensichtlich einen hohen Status haben oder die erfolgreich sind, ist in jedem Fall ein Erlebnis.

Rainer von Massenbach meint:

„Unsere Erfahrungen haben gezeigt, dass diese Leute außergewöhnlich positiv auf eine Ansprache reagieren und immer zu einem interessanten Gespräch bereit sind, wenn die Ansprache niveauvoll und der Gelegenheit angepasst ist.

Diese Leute mit einem außergewöhnlichen und lustigen Spruch in Alltagssituationen zu überraschen, ruft oftmals erstaunliche Offenheit hervor. Sie haben den Menschen direkt vor sich und müssen sich nicht an Sekretärinnen oder ähnlichen Kontaktbarrieren vorbeikämpfen."

Zudem ist es immer interessant, mit erfolgreichen Persönlichkeiten zu sprechen, die man unter normalen Umständen nie kennen gelernt hätte.

Bei solchen Menschen rennt man offene Türen ein, wenn es darum geht, über Geschäft und Persönlichkeit zu philosophieren.
Bei Rainer von Massenbach und Tobias Schlosser stapeln sich die Visitenkarten von Gutverdienern und Menschen aus gehobenen Kreisen, die alle durch den Direktkontakt generiert wurden.

Bei High Potentials ist die Begegnung auf Augenhöhe sehr wichtig. Das bedeutet, Sie treten nicht als höhergestellter Bieter auf, sondern als respektvoller Gesprächspartner, der einem bereits erfolgreichen Menschen eine geschäftliche Partnerschaft anbieten kann.
Seien Sie nicht arrogant, und wenn jemand überheblich reagiert, dann gehen Sie weiter und sprechen den nächsten an. Vermeiden Sie Diskussionen darüber, wer „den längsten" hat.

Rekrutieren Sie Ihre Zielgruppe und konzentrieren Sie sich darauf, was Sie geschäftlich weiterbringt. Halten Sie sich die Option offen, auch die Menschen anzusprechen, die es scheinbar nicht mehr „nötig" haben. Es ist in jedem Fall eine lohnenswerte Erfahrung.

Tobias Schlosser resümiert über Kontakte mit dieser Personengruppe:

Unternehmensberater oder Führungspersönlichkeiten verdienen meistens mehr Geld als die breite Masse der Durchschnittsarbeitnehmer. Meistens haben sie auch ein höheres Ansehen, mehr Verantwortung und die eine oder andere Vergünstigung in ihren Unternehmen.

Logischerweise steigt bei diesen Menschen aber auch die Verantwortung und der Druck zur Leistung. Meistens ist dies noch zusätzlich verbunden mit dem Verlust der persönlichen Freiheit. Manchmal hat man den Eindruck, dass solche Menschen schon persönliches Eigentum der Firmen sind, für die sie arbeiten.
Das wiederum führt über längere Zeit zu Unzufriedenheit und der ständig andauernden Suche nach Verbesserung.
Hier sei eines angemerkt: Verbesserung muss nicht immer monetär sein!

Doch nun zur eigentlichen Sache:
Anfänglich war die Direktansprache von Herren mit Anzug und Krawatte oder Damen im Kostüm nur gedacht, um meine eigenen Ängste zu überwinden. Doch nach einiger Zeit stellte ich fest, dass genau diese Art Menschen offener bei der Ansprache waren.

Mit der Zeit entwickelte sich ein regelrechter Wettbewerb zwischen mir und meinen Kollegen, was die Ansprache von Top-Leuten betraf.
Dabei wurde vorab eine Selektion hinsichtlich des Autos, der Anzüge, Krawatten oder auch Aktentaschen vorgenommen. Frei nach der Devise: Je teurer, desto besser!

Wir hatten Tage, an welchen wir auf einer der teuersten Einkaufsstraßen der Welt unterwegs waren und mit Menschen sprachen, deren Outfits mehr kosteten als unsere Autos, und die Handys benutzten, die so teuer waren wie unser Jahresurlaub.

Die Ergebnisse solcher Aktionen konnten sich durchaus sehen lassen, denn im Endeffekt wurden sehr oft Visitenkarten ausgetauscht und Termine für geschäftliche Treffen vereinbart.
An dieser Stelle möchte ich anmerken, dass es in 90 Prozent aller Fälle nicht gelang, diese Menschen als Mitarbeiter zu begeistern. Vielmehr ergaben sich im Nachhinein wertvolle Kundenkontakte.
Wären diese Rekrutierungsgespräche zu diesem Zeitpunkt von einer absoluten Top-Führungskraft geführt worden, wäre die Quote im Rekrutierungsbereich wesentlich besser gewesen.

Das Entscheidende war jedoch, dass es mir mit Hilfe vieler in unserer Methode beschriebenen Vorgehensweisen gelang, genau diese Menschen zu einem persönlichen Treffen in meinen Geschäftsräumen zu bewegen und ein Gespräch über neue berufliche Perspektiven oder Zusatzeinkommen zu führen.

Welche hochwertigen Kontakte mir und meinen Mitarbeitern durch die Direktansprache möglich waren, möchte ich Ihnen anhand nachfolgender Beispiele verdeutlichen.

Wir hatten:

- Treffen mit Mitarbeitern der größten deutschen Privatbankhäuser (vom Berater angefangen bis zum Niederlassungsleiter)

- Rekrutierungen mehrerer Fondsmanager

- Treffen mit Dutzenden von erfolgreichen Unternehmern aus den verschiedensten Branchen (Gesellschafter, Geschäftsführer, Vorstände etc.)

- Gespräche mit Unternehmensberatern aller Top 5- Beratungen

- Einstellungsgespräche mit Prominenten, Schauspielern und Profisportlern

- Rekrutierungsgespräche mit Mitarbeitern aller Führungsebenen

- Treffen mit Steuerberatern, Wirtschaftsprüfern und Controllern

- Treffen mit Vertriebsmitarbeitern aus allen Branchen und Hierarchiestufen

- Gespräche mit Anwälten, Ingenieuren etc.

Erst in der späteren Analyse und durch das Feedback aus diesen Gesprächen wurde mir klar, dass alle diese Menschen nur aus zwei Gründen gekommen waren:

1. Alle waren suchend! (Das hat nichts mit dem sozialen Status, Einkommen oder bisher Erreichtem zu tun. 80% aller Menschen suchen immer!)

2. Die Qualität und das Niveau der Ansprache waren sehr hoch. (Aussage: "Ich bin schon mehrfach angesprochen worden, aber so wie Sie hat es noch keiner getan.")

„Diese Fähigkeit sollte man kultivieren."
Aussage des Vorstandsvorsitzenden eines Dax-Konzerns

PART 2
DIE PERSÖNLICHKEIT DES KONTAKTERS

Wenn Ihnen jemand seine Telefonnummer gibt, dann sollte dies nach Möglichkeit nicht aus Mitleid geschehen. Aber warum kommt jemand mit Ihnen ins Geschäft oder interessiert sich für das, was Sie ihm anzubieten haben?

Sie bringen den Menschen einen Nutzen! Sie sind in der Lage, der Person neue, bisher ungeahnte Möglichkeiten zu bieten. Diese reichen vom Nebenjob bis zur finanziellen Freiheit, vom kleinen Zeitaufwand bis hin zum Fulltimejob.
Warum sind Sie heute für Ihre Firma tätig? Weil Sie frei über Ihre Zeit verfügen wollen? Weil Sie Millionär werden wollen?

Und genau das müssen Sie durch Ihre Persönlichkeit und Ausstrahlung vermitteln. Auf den folgenden Seiten geht es darum, Ihnen Eindrücke zu vermitteln, was Sie selbst tun können, um eine „Kontaktpersönlichkeit" zu werden.

Haben Sie keine Angst vor Ablehnung, und werden Sie sich darüber bewusst, wen Sie eigentlich suchen. Bringen Sie dem Menschen einen Nutzen und gewinnen Sie ihn für sich und damit auch für Ihr Geschäft. Sympathie ist hier ein ganz wichtiger Punkt, der alle anderen Faktoren wie Firma oder Produkt aussticht.
Wenn Sie Ihr Gegenüber persönlich überzeugen konnten, haben Sie gewonnen. Denn mit einem netten und sympathischen Menschen spricht man auch einmal über etwas, was vorher uninteressant oder inakzeptabel erschien.

„Erfolg besteht darin, dass man genau die Fähigkeiten hat, die im Moment gefragt sind."
Henry Ford

DIE EINSTELLUNG DES KONTAKTERS

Am Anfang unserer Tätigkeit gab es einige Kollegen in unserem Vertriebsumfeld, die den Fremdkontakt auf ganz einfache Weise praktizierten:

Sie sprachen aus einem neuen Porsche Turbo heraus junge Männer an. Sie fuhren zu den Besagten, ließen das Fenster herunter und fragten, ob er Interesse habe, Geld zu verdienen. Da musste nichts groß erklärt werden.

Doch wahrscheinlich verfügt nicht jeder Leser über ein Luxusklassefahrzeug im Wert von 150.000 € und ist daran interessiert, 20-jährige zu finden, die sich dadurch motivieren lassen. Es geht darum, richtige und langfristige Geschäftspartner kennenzulernen.

Doch diese Technik des „Porsche-Kontaktens" enthält eine der wichtigsten Komponenten des Direktkontakts: Ihr eigener Status muss stimmen!

Sie sind der Bieter und nicht der Bittsteller. Sie sind ein toller Mensch mit einem tollen Geschäft, der anderen eine Chance bieten kann. (Wenn Sie das selbst nicht von sich denken, dann werden Sie versagen! Egal wie gut Sie sind, egal mit welcher Methode!)

Ob die andere Person Ihr Angebot bzw. ihren Vorschlag annimmt, bleibt immer noch deren Entscheidung.
Aber verkaufen Sie sich selbst nicht unter Wert. Wenn es beim Verkauf heißt: „Ein gewonnener Streit ist ein verlorener Abschluss.", dann gilt dies genauso für den Direktkontakt. Bleiben Sie freundlich, aber bestimmt, und lassen Sie sich nicht auf unnötige Diskussionen ein. Es gibt Menschen, die alles schwarzsehen und sich durch kein Argument überzeugen lassen. Gehen Sie in solchen Situationen einfach weiter und sprechen Sie den nächsten an. Schwarzseher können Sie für ihr Geschäft nicht gebrauchen.

ZURÜCKWEISUNG UND DIE ANGST, JEMANDEN ANZUSPRECHEN

Logisch gedacht fügt uns Zurückweisung keinen Schaden zu. Aber emotional kann Zurückweisung eine schmerzhafte Erfahrung sein. Um das zu verstehen, müssen wir in die alten Zeiten zurückblicken, in denen unsere entwicklungsgeschichtlichen Wurzeln liegen.

Blicken wir dafür einige tausend Jahre in die Vergangenheit:
In einer steinzeitlichen Stammesgemeinschaft gab es nur eine begrenzte Anzahl von Mitgliedern. Wenn eine Person zu einer anderen Kontakt aufnahm, riskierte sie Zurückweisung. Und wenn das passierte, würden all die anderen Personen das wissen. Damit verringerte sich der Status der Person in der Gruppe erheblich. Eng verwoben mit dem Status war die Chance auf Fortpflanzung und der Fortbestand der eigenen Gene. Wenn ich jemanden anspreche, besteht also das Risiko, dass meine Gene ausgelöscht werden. Das mag auf den ersten Blick zwar etwas komisch anmuten, entspricht jedoch den Erfahrungen, die immer noch in unseren Gehirnen verankert sind.

Diese Angst vor Verlust des eigenen Status und der damit verbundenen Konsequenzen existiert auch heute noch. Logisch gesehen, existiert dieses Problem in der modernen Gesellschaft nicht. Wenn ich zurückgewiesen werde, wechsle ich einfach die Örtlichkeit.

Also wie können Sie Zurückweisung vermeiden?

Die Antwort ist: Sie können es nicht. Sie können nur lernen, damit umzugehen. Es ist keine Lösung, sich unangreifbar zu machen. Die Lösung ist, sich Ihrer Verwundbarkeit anzunehmen, die Zurückweisung zu analysieren und sich von der Erfahrung zeigen zu lassen, was gut ist und was schlecht. Die größte Angst jemanden anzusprechen, resultiert meist aus eingebildeten und nicht aus tatsächlichen Zurückweisungen. An einem Tag, an dem Sie fünf oder zehn Menschen ansprechen, verlieren Sie zwangsläufig den einen oder anderen Kontakt. Das ist dann jedoch keine schlimme Sache, weil Sie dadurch Ihren „Kontaktmuskel" trainieren und Ihrem Ziel immer näher kommen.

IDENTIFIKATION

Rainer von Massenbach erzählt aus seiner eigenen Erfahrung:

„In unserem Unternehmen gab es einen Verkäufer, dem ich aus dem Weg ging. Nicht weil er unsympathisch oder unfreundlich war, sondern weil ich jedesmal, wenn ich längere Zeit mit ihm sprach, einen neuen Sparplan abschloss. Für mich waren das alles einfach nur Versicherungen.

Er dagegen sprach von diesen wunderbaren und einzigartigen Produkten, mit denen man es schafft, seine Wünsche, Ziele und Träume zu verwirklichen. Er schwärmte von der Sicherheit und dem Gefühl der Freiheit, welches sich umsomehr einstellt, je mehr man einspart.
Ich musste lange nachdenken, bis mir der entscheidende Unterschied zwischen mir und diesem Verkäufer auffiel: IDENTIFIKATION!

Um erfolgreich zu sein und Spitzenleistungen zu erreichen, muss man sich zu 100 Prozent mit seiner Sache identifizieren können.
Wer das noch nicht kann, der sollte sich mit einer Flasche Wein im Keller einsperren und sich Gedanken machen über das, was er tut. Wo liegt der Nutzen an Ihrem Geschäft? Werden Sie sich über die Vorteile Ihres Produktes/Ihrer Firma/von sich selbst bewusst. Was bieten Sie den Menschen? Sobald Sie eins sind mit dem, was Sie tun, dann spürt das auch Ihr Umfeld. Und genau darum geht es! Die Menschen, die sie begeistern wollen, müssen merken, dass Sie es ernst meinen. Dann werden Sie auch Ihrer Vision/Ihrem Geschäft/Ihrer Person folgen.

Ein Bekannter von mir arbeitet im Verkauf für einen Elektronikhandel. Er erzählte mir neulich, dass ein Kunde zu ihm gekommen ist (der Kunde fährt ein Auto, das einen Wert von 500 Euro hat, nach all dem Tuning aber nun 20.000 Euro wert ist), dem er eine Hifi-Anlage für 2500 Euro verkauft hat. Da der Kunde nicht solvent war, wurde der Kauf über eine Finanzierung abgewickelt. Mein Bekannter verdiente also doppelt an diesem einen Kunden: Zum einen am Verkauf der Anlage, zum anderen an der Finanzierung.
Ich war mir nicht sicher, ob er auf das, was er getan hat, stolz sein kann. Der Kunde hat nun einen Kredit, den er mit 50 Euro im Monat über einige Jahre (mit Zinsen) bedienen muss. Bis der Kredit abbezahlt ist, gibt es das Auto wahrscheinlich schon nicht mehr.

Jeder Mensch entscheidet selbst, was er tut und inwieweit er für seine Handlungen die Verantwortung übernimmt. Wenn Sie jemanden für Ihr

Geschäft überzeugen wollen, muss Ihre Identifikation zu spüren sein. Bringen Sie die absolute Begeisterung und Liebe für Ihre Tätigkeit mit. Wenn Sie diese nicht haben, entwickeln Sie sie.

Denken Sie beispielsweise an die WM 2006 in Deutschland zurück. Am Anfang hat ganz Deutschland die Trainingsmethoden von Jürgen Klinsmann in Frage gestellt.

Das Entscheidende aber war, dass er sich nicht umstimmen ließ und unbeirrt seine Trainingsmethoden vertrat.

Es hatte den Anschein, dass seine Identifikation umso größer wurde, je mehr Gegenwind er bekam.

Das habe ich an Klinsmann bewundert: Er hat unbeirrbar seine Linie durchgezogen, ohne darauf zu achten, was die anderen tun oder sagen.

Und genau das war das Geheimnis seines Erfolges. Auf sein eigenes Gefühl zu hören und seine eigene Vision/Linie zu verfolgen. Die meisten Menschen machen nur das, was man Ihnen vorschreibt, aber nicht das, was sie selbst wollen.
Sie sollten auch im Geschäftlichen nach der Identifikation und Begeisterung eines Jürgen Klinsmann streben, denn nur dann werden sie die Menschen magnetisch anziehen und erzeugen eine Aura des Erfolgs.

Viele der von mir angesprochenen Personen wurden schon mehrfach von derselben Firma kontaktet, aber ohne Resultate.
Der Grund, sich letztendlich mit mir über eine geschäftliche Zusammenarbeit zu unterhalten, war meine sprühende Identifikation mit dem, was ich tat.

Ich hatte das Feuer in den Augen und das Herz, für meine Sache zu stehen. Immer und überall."

ZIELE ALS „SELBSTBEWUSSTSEINS-TURBO"

Schon wieder dieses Thema? ... Ja!
Nach dem Motto: „Tausendmal berührt, tausendmal ist nichts passiert." verläuft sich das Thema bei den meisten Menschen wieder im Sand.

Rainer von Massenbach erklärt zu seinem Lieblingsthema:

„Haben Sie ein klares Ziel? In Tausenden von Meetings und Vorträgen wurde schon über dieses Thema gesprochen. Auf die Frage hin, wer klar definierte Ziele hat, meldet sich auf unseren Seminaren höchstens die Hälfte der Teilnehmer.
Dann frage ich nach, was genau Ihr Ziel ist, und nach durchschnittlich vier Fragen sind die meisten überfordert. Denn Sie wissen nicht genau, ob das Traumauto schwarz sein soll, das Haus 4 oder 5 Zimmer haben soll etc.

Warum ist das so? Ein Ziel ist aus meiner Sicht lebenserhaltend. Jeder Mensch muss ein Ziel haben, sonst gäbe es keinen Grund, morgens aus dem Bett zu steigen. Wer kein Ziel hat, hat seinen Lebenssinn verloren.

Jeder Mensch hat Ziele, er muss sich nur im Klaren darüber sein.

Einer der wichtigsten Punkte in der Persönlichkeitsentwicklung sind deshalb die Ziele.
Denken Sie an eine Erfolgspersönlichkeit, die Sie kennen, oder führen Sie sich Ihr persönliches Ideal vor Augen. Was Ihnen auffallen wird ist, dass diese Erfolgspersönlichkeiten eine extreme Zielstrebigkeit haben. Wenn man mit solchen Menschen spricht, dann spürt man einfach, dass Sie zu 100 Prozent wissen, was Sie wollen, wo sie hinwollen und auch, was Sie nicht wollen.

Wenn ich mich mit erfolgreichen Menschen traf, bestätigten mir diese ausnahmslos, dass ich etwas ausstrahle, dass ich zu 100 Prozent weiß, wer ich bin, was ich kann und wo ich hin will. Und deshalb trafen sie sich mit mir.

Denken Sie an Kinder, die etwas wollen. Sie sind begeistert und teilweise richtig nervig, bis sie das bekommen, was sie wollen. Quengeln, schreien und sind unangenehm. Dieses Verlangen, das Kinder haben, bis sie ihr Ziel erreicht haben, müssen wir Erwachsenen erst wieder lernen.
Man hat uns gelehrt, zurückzustecken und die Bedürfnisse an das Niveau

der Allgemeinheit anzupassen. Die eigene Zielstrebigkeit geht dabei vollkommen verloren.

Auch beim Direktkontakt haben mir meine Ziele immer wieder geholfen, mit Niederlangen besser umzugehen. Je härter ich an meinem Tagesziel arbeitete, desto besser wurden meine Quoten.
Also stecken Sie sich ein tägliches Kontaktziel, denn sonst endet das ganze im Chaos.
Ganz Wichtig hierbei: Planen Sie Aktivitäten, niemals Ergebnisse!

Tobias Schlosser hat seine eigenen Erfahrungen zum Thema Identifikation und Ziele gemacht:

„Ich sitze im himmelblauen Trabi meiner Mutter, komme gerade vom Fitnesstraining und fahre eingepackt in Sportklamotten eine Runde durch Leipzig.
Eigentlich will ich bloß etwas heimische Luft atmen und sehen, was sich in den letzten 5 Monaten seit meinem Umzug nach München alles verändert hat.

Da meine Augen mittlerweile auch immer potentielle Geschäftspartner im Blick haben, sehe ich an der nächsten Ampel schon aus einigen Metern Entfernung einen jungen, dynamischen Typ, der auf das grüne Ampelmännchen wartet.
Ich denke mir: Mensch, den musst du ansprechen! Ich bemerke aber, dass mein kleines Ego strikt dagegen ist.
Es erklärt mir folgendes:

- Der Trabi ist lächerlich!

- Du bist nicht geschäftlich gekleidet!

- Du riechst nach Schweiß!

- Eigentlich hast du Freizeit!

- Die Ampel ist eine ungünstige Stelle für eine Ansprache!

- Eigentlich ist München dein Standort und nicht mehr Leipzig!

Irgendetwas bewegt mich dann doch dazu, ein Stück rechts heran zu fahren, mich über den Beifahrersitz zu beugen und mit maximaler Anstrengung an der Plastikkurbel zu zerren, um die Scheibe herunterzulassen.

Als das geschafft ist, winke ich ihm zu und rufe laut:
    „Hallo!"
Er kommt zu mir an die Scheibe in der Erwartung, dass ich ihn nach dem Weg fragen will, doch ich erkläre mein Anliegen:
    „Vielleicht kannst Du mir helfen. Aber ich möchte nicht nach dem Weg fragen!"
Er: „Ja, worum geht's denn dann?"
Ich: „Ich sehe zwar im Moment nicht so aus, aber ich bin Unternehmer und gerade dabei, hier in Leipzig meine Firma zu erweitern. Bist du zufällig von hier?"
Er: „Ja!"
Ich: „Was machst Du denn beruflich?"
Er: „Ich studiere Sportwissenschaften."
Ich: „Das ist ja super. Ich suche zufällig noch ein paar Studenten, die mich hier im Bereich Teambetreuung und Personalmarketing unterstützen. Alles bei freier Zeiteinteilung. Bist Du vielleicht offen für eine guten Zusatzverdienst?"
Er: „Ja, welche Branche?"
Ich: „Ich arbeite für eine Versicherung, bin dort zuständig für Personalbeschaffung und Ausbildung."
Er: „Ich kann mir gerade nichts drunter vorstellen!"
Ich: „Kann ich gut nachvollziehen! Hier an der Ampel ist wahrscheinlich auch nicht der richtige Ort, um über Geld oder Karriere zu sprechen. Wie wäre es, wenn wir mal telefonieren, dann kann ich Dir mehr erklären."
Er: "O.k."
Ich: „Hier hast Du Zettel und Stift, da kannst Du mir Deine Nummer mal aufschreiben."
Er: "O.k." und schreibt ….

Mit dieser Geschichte wird eindeutig klar, dass es letztendlich nicht unbedingt Status, Kleidung oder äußere Umstände sind, die über Erfolg oder Misserfolg entscheiden, sondern Mut, Chancendenken, Aktion und die richtige Erklärung des Anliegens.
Wieder einmal habe ich festgestellt, dass es immer unzählige Gründe gibt, die gegen eine Ansprache sprechen, aber gleichzeitig einen einzigen Grund, der die Sache so reizvoll macht:
Das Ziel vor Augen zu haben und den Mut, dieses Ziel auch wirklich erreichen zu wollen!

PLANEN SIE AKTIVITÄTEN, NIEMALS ERGEBNISSE

Wir alle wissen, dass es Tage gibt, an denen anscheinend alles gelingt. Doch es gibt auch solche, an denen man auch mit größter Anstrengung nur unbefriedigende Ergebnisse erzielt.

Dies gilt es grundsätzlich zu akzeptieren, um unnötige Frustration zu vermeiden. Es ist jedoch sehr von Vorteil, immer nur in Aktivitäten zu planen, denn für die Ableistung von Aktivitäten sind immer nur Sie selbst verantwortlich. Für positive Ergebnisse ist jedoch immer auch etwas Glück vonnöten.

Beispiel: Sie haben sich vorgenommen, die Kontaktdaten von zehn potentiellen Gesprächspartnern zu generieren.
Das Wetter macht Ihnen jedoch einen Strich durch die Rechnung, und es regnet. Jetzt wird es natürlich mit Ihrem oben genannten Ergebnis etwas schwer.
Besser wäre gewesen, von Beginn an anders zu planen.
Zehn Menschen auf Ihr Geschäft anzusprechen, ohne Wertung auf deren Reaktion. Dies ist bei jedem Wetter machbar, und laut Erfahrung haben Sie mit diesen Aktivitäten unabhängig vom Wetter 2-3 neue Kontakten generiert.

Der Unterschied ist folgender:

Ziel1: 10 Telefonnummern in 4 Stunden
Ergebnis: 6 Telefonnummern

Ziel2: 10 Ansprachen in 4 Stunden
Ergebnis: 3 Telefonnummern

Auf den ersten Blick scheint das erste Ergebnis besser zu sein. Doch bei näherer Betrachtung erweist sich das zweite Ergebnis als das bessere: Sie haben zwar nur 3 Telefonnummern bekommen, aber 10 Ansprachen durchgeführt. Damit haben Sie Ihr Ziel erreicht. Das erzeugt bei ihnen ein gutes Gefühl und gibt neue Motivation.
Beim ersten Ergebnis sind Sie demotiviert, weil Sie Ihr Ziel nicht ereicht haben.

Also: Planen Sie Aktivitäten!

KÖRPERSPRACHE UND STIMME

Ein wichtiger Aspekt beim Kontakten ist die Körpersprache. Wenn Sie jemanden mit flüsternder Stimme, in gebückter Haltung und mit Blick auf Ihre Schuhspitzen ansprechen, haben Sie Glück, wenn der Angesprochene es überhaupt bemerkt. Ein sehr zweifelhaftes Glück.
Überlegen Sie sich, von wem Sie sich selbst gerne ansprechen lassen würden und verhalten Sie sich genau so.

Gehen oder stehen Sie gerade und bleiben Sie aufrecht, sehen Sie den Menschen in die Augen, sprechen Sie mit lauter, klarer Stimme — und bitte lächeln Sie!

LACHEN

Ein Lachen ist ein Geschenk, das Sie den Menschen häufiger machen sollten. Es kostet Sie nichts und bringt Ihnen viel positives Feedback. Wenn Sie lachen, dann richtet sich ihr Körper auf, Ihre Augen beginnen nach kurzer Zeit zu strahlen, und Sie fühlen sich gleich besser. Gehen Sie doch einmal durch ihre Heimatstadt und beobachten Sie, wie viele Menschen lachen. Es ist erschreckend: die meisten ziehen sogar die Mundwinkel nach unten und starren mit leerem Blick einfach geradeaus.

Wollen Sie zu dieser Gruppe Zombies gehören, die so aussehen, als wären Sie gerade aus dem Leichenschauhaus geflüchtet und auf dem Weg in die ewige Verdammnis?

Deshalb: Lachen Sie! Ein freundlicher Mensch mit einem Lächeln auf den Lippen kommt immer gleich viel besser beim Gegenüber an.

> Beginnen Sie damit, Menschen mit freundlicher Ausstrahlung anzusprechen. Gehen Sie durch die Stadt und lächeln Sie die Menschen an. Zu denjenigen, die zurücklächeln, sagen Sie ein einfaches „Hallo".
> Sie werden von den positiven Reaktionen überrascht sein.

Ein gewinnendes Lächeln bringt mehr als es 100.000 wohlüberlegte Worte je könnten.

Kennen Sie das? Sie sind unterwegs, und eine sympathische Person kommt Ihnen entgegen. Die Blicke treffen sich und bleiben aneinander haften, ein leichtes Kribbeln durchläuft den Körper, Spannung entsteht — und da ist sie: Eine Art Magie zwischen zwei Menschen, die sich noch nie zuvor begegnet sind und sich vielleicht nie wieder begegnen werden. Ein kurzes Gefühl von Vertrautheit und Abenteuer. Ein flüchtiger Moment, in dem man weiß: Es lohnt sich, diesen Menschen kennenzulernen. Doch meist vergehen solche Augenblicke, ohne dass jemand reagiert, und man wendet sich wieder dem Alltag zu.

Doch genau dann gibt es nur eines zu tun: Handeln! Wir geben Ihnen im Laufe dieses Buches Möglichkeiten an die Hand, in solchen Situationen zu reagieren und diesen Menschen sofort anzusprechen.

„Denn es gibt im Leben keine Sicherheiten, sondern nur Gelegenheiten!"
Tobias Schlosser

ANALOGIETESTS

Für die Menschen, mit denen Sie sprechen, ist diese Art des Kontakts eine völlig neue Erfahrung. Sie sind eine fremde Person, die jemanden plötzlich im Alltag mit einer beruflichen Veränderung konfrontiert. Das ist nicht „normal".

Und deshalb wird es vorkommen, dass jemand Fragen stellt, die unangenehm oder etwas komisch anmuten. Viele Teilnehmer unserer Workshops stellen fest, dass diese Fragen vor allem bei hochqualifizierten Personen auftreten.
Ein Kontakt, der unangenehme Fragen zu Firma, Produkt oder dem System stellt, ist für den Neuling eine echte Herausforderung.
Der erfahrene Kontakter jedoch weiß, dass genau diese Kontakte die höchste Qualität bringen.

Der Mensch, der uns ohne überlegen und sofort seine Telefonnummer gibt, denkt meist nicht darüber nach, was er tut. Oder er ist einfach menschlich mit der Interaktion überfordert.

Seien Sie ehrlich! Würden Sie nach ca. 20 Sekunden Gespräch mit einer wildfremden Person, die Ihnen etwas von nebenberuflichen Chancen o.ä. erklärt, Ihren Namen und Ihre Telefonnummer verraten?
Vielleicht. Oder vielleicht auch nicht.
Sie wollen doch wahrscheinlich ein paar mehr Informationen und wissen, wer Ihr Gegenüber ist.

Seien Sie sich sicher: Die „guten" Kontakte stellen Fragen!
Menschen, die Leistung erbringen, die etwas erreicht haben, diejenigen, die Geschäfte machen, geben nicht jedem Ihre Nummer. Dieser Personenkreis kann sich aussuchen, mit wem er Geschäfte macht und mit wem nicht.
Sich mit jemandem über ein geschäftliches Angebot zu unterhalten, der sich selbst nicht sicher ist, bringt diesen Menschen nichts!

Diese Fragen, die Sie bei potentiellen Kandidaten zu hören bekommen, nennen wir **Analogietests.**
Dieses „Abklopfen" Ihrer Person erfolgt aus nur einem einzigen Grund: Sie werden geprüft, ob Sie zu Ihrem Geschäft stehen, und ob Sie als Person in Ihrer Entscheidung gefestigt sind.
Analogietests sind eine anspruchsvolle Sache: Beantworten Sie zu viele Fragen, dann machen Sie sich uninteressant. Geben Sie keine Informa-

tionen preis oder geben Sie ausweichende Antworten, so kann es sein, dass Sie sich dadurch disqualifizieren.
Deshalb überlegen Sie sich vorher, was und wieviel Sie preisgeben wollen — und bleiben Sie bei diesem Konzept.
Verlieren Sie lieber einen Kontakt gleich am Anfang, als alles zu erklären und dann ausgefragt und ohne Nummer stehen gelassen zu werden.

Lassen Sie sich und Ihr Geschäft testen und zeigen Sie Ihre Qualität. Bleiben Sie freundlich, aber bestimmt und geben Sie Ihr Bestes. Dann können Sie nur gewinnen.

Und verwechseln Sie den Frager, der Ihnen nur Informationen entlocken will, NICHT mit einem ernsthaften Interessenten, der testen will, ob Sie wirklich zu dem stehen, was Sie da tun.

UNANGENEHME SITUATIONEN UND KONFRONTATION

Wie überall tauchen auch beim Direktkontakt unangenehme Situationen auf. Das ist bei sozialen Interaktionen einfach nicht vermeidbar. Wenn Sie beispielsweise einen Mann ansprechen, der gerade von seiner Freundin verlassen wurde, von einem windigen Finanzspekulanten übers Ohr gehauen wurde und über diese Situation auch noch verschlafen zur Arbeit hetzt, zeigt vielleicht keine allzu freundliche Reaktion, wenn Sie ihn ansprechen, wenn er gerade seinen Zug verpasst hat. Egal wie gut Sie sind!

Dabei geht es nicht um Sie oder Ihr Angebot. Sie haben nur den falschen Zeitpunkt erwischt. Vielleicht wäre dieser Kontakt in einer anderen Situation positiv verlaufen, und dieser Mann wäre Ihr neuer Top- Mitarbeiter geworden.

Deshalb:

- Haben Sie eine offene und positive Einstellung.

- Gehen Sie Konfrontationen aus dem Weg, und konzentrieren Sie sich auf Ihre Sache.

- Lassen Sie sich nicht auf langwierige und sinnlose Diskussionen ein.

- Fühlen Sie sich nicht so, als wäre es eine große Sache! Es ist keine!

- Wenn eine Person nicht interessiert ist, bleiben Sie freundlich und verabschieden Sie sich.

Treffen Sie diese Person erneut, so grüßen Sie den Betreffenden. Häufig ergibt sich dadurch ein Gespräch mit überraschend positivem Ausgang.

PART 3
WICHTIGES ZUM KONTAKTEN

DAS MÜSSEN SIE INVESTIEREN

Um ein erfolgreicher Kontakter zu werden, müssen Sie sich im Klaren darüber sein, dass es sich hierbei um eine soziale Fähigkeit handelt, die Sie erst erlernen müssen. Egal in welcher Position Sie sich im Moment befinden, egal wie viel oder wenig Geld Sie verdienen: Sie werden investieren müssen.

Ein paar Formen Ihres Investments:

- **Zeit:** Eine neue Fähigkeit zu erlernen, braucht Zeit. Mit dem hier vorgestellten Bausteinsystem können Sie Ihre Fähigkeiten jeden Tag verbessern.

- **Geld:** Der große Vorteil der 2BEKNOWN-Methode ist, dass Sie außer einem Stift und einem Stück Papier keine weiteren Utensilien benötigen. Investieren Sie Ihr Geld lieber in Ihr äußeres Erscheinungsbild, das wird sich auch beim Direktkontakten auszahlen.

- **Emotionales Investment:** Sie müssen bereit sein, eine neue Fähigkeit zu erlernen. Wenn Sie das tun, werden Sie auch Rückschläge akzeptieren können.

ÄUSSERLICHKEITEN

Ich will, dass Sie aussehen wie ein Model! Ich will, dass Sie sich einen Maßanzug machen lassen, mindestens 4 mal pro Woche ins Fitnessstudio und 1 mal pro Woche zur Kosmetik gehen.

Spaß bei Seite! Natürlich will ich das nicht! Ich möchte, dass Sie auf sich und Ihren Körper achten, und dass Sie sich über Ihr Äußeres bewusst sind. Wahrscheinlich ist es überflüssig, diese Punkte zu erwähnen, aber die Erfahrung zeigt, dass viele hier mehr oder weniger große Defizite aufweisen.
Das erste, was der Mensch von Ihnen wahrnimmt, ist nun einmal, wie Sie aussehen. Dabei spielt es keine Rolle, ob Sie besonders attraktiv sind oder einen tollen Anzug anhaben. Es geht darum, einen gepflegten und ordentlichen Eindruck zu machen. Ein normaler Pullover mit Jeans und Turnschuhen ist gegen einen aufgetragenen Anzug mit speckiger Krawatte definitiv die erste Wahl.

Und tun Sie mir den Gefallen: Gönnen Sie sich ab und an einen Friseurbesuch und rasieren sich als Mann die eventuell vorhandene Wolle aus dem Gesicht. Kein Mensch möchte von jemandem auf eine geschäftliche Möglichkeit angesprochen werden, der aussieht, als hätte er keinen Spiegel zu Hause.

Zudem fühlen Sie sich wohler, wenn Sie gut angezogen und gepflegt sind. Dann fällt das Kontakten wesentlich leichter.

ALLEINE, ZU ZWEIT ODER IN DER GRUPPE KONTAKTEN?

Hier hat jeder seine eigenen Vorlieben. Die Kontakte, die Sie selbst im Alltag machen, tätigen Sie natürlich allein.

Doch wenn es darum geht, den Direktkontakt zu erlernen, ist es wichtig, sich einen oder mehrere Sparringspartner ins Boot zu holen. Zusammen diesen Weg zu gehen, Niederlagen zu verarbeiten, aber auch Siege zu feiern, macht zu zweit oder in der Gruppe viel mehr Spaß.
Unsere Workshops sind deshalb auch so aufgebaut, dass immer eine kleine Gruppe mit einem Instruktor auf „Nummernjagd" geht.

Also: Finden Sie jemanden aus Ihrem Team, gehen Sie in der Gruppe oder allein. Der Direktkontakt soll Freude machen, Ihnen im Alltag jede Menge Kontakte bringen und Ihr Geschäft wachsen lassen.

REGELN FÜR DAS KONTAKTEN IN DER GRUPPE ODER ZU ZWEIT

Wenn Sie in einer Gruppe oder zu zweit kontakten gehen, sollten Sie vorher einige Regeln aufzustellen. Es macht verständlicherweise keinen guten Eindruck, wenn auf eine Person gleich 5 Kontakter wie ein Rudel Wölfe zuspringen und sie ansprechen.
Wer eine Person zuerst sieht, sollte nach einem herausragenden Merkmal suchen und dann z.B. sagen: „Der in der gelben Jacke gehört mir!" Dann wissen die anderen bzw. weiß der Begleiter, dass Sie vorhaben, diesen Menschen anzusprechen.

Zudem sollten Sie vorher kommunizieren, dass Sie die jeweilige Person ansprechen wollen. Sonst kommt es häufig vor, dass niemand die Ansprache durchführt, weil jeder vom anderen denkt, er würde den Kontakt machen.

Eine weitere Regel ist: Höchstens zu zweit ins Gespräch!
Wenn Sie jemanden ansprechen und den Direktkontakt durchführen, ist es für diese Person äußerst unangenehm, wenn die ganze Gruppe des Kontakters vor ihm steht und ihn ansieht, als wäre er die neueste Attraktion im Zoo.
Wenn Sie zu zweit sind, dann ist das kein Problem. Sprechen Sie jemanden an und unterhalten Sie sich. Der andere Kontakter hat dabei nicht das Recht, sich einzumischen bzw. zu versuchen, die Telefonnummer für sich zu holen.

Die Regel heißt: Wer die Person angesprochen hat, der bekommt am Ende auch die Nummer!

Selbstverständlich gibt es auch hier Ausnahmen. Insbesondere bei Anfängern ist es sinnvoll, wenn ein erfahrener Kontakter unterstützend zur Seite steht und sich in das Gespräch einklinkt bzw. die Telefonnummer für den Neuling holt.

In unseren Workshops bilden wir meistens Dreiergruppen, die aus zwei Teilnehmern und einem Instruktor bestehen.

FRÖSCHEKÜSSER ODER PRINZENSUCHER

Direktkontakt ist wie der Verkauf ein Quotengeschäft. Kein Verkäufer auf dieser Welt hat eine 100% Quote! Das gibt es einfach aus logischen Gründen nicht!

Genauso bekommt auch kein noch so guter Direktkontakter wie zum Beispiel Tobias Schlosser von jeder angesprochenen Person eine Telefonnummer oder Visitenkarte.
Doch wenn es um Quoten geht, gibt es bei der 2BEKNOWN-Methode zwei verschiedene Möglichkeiten, die sich je nach Geschäft und Produkt unterschiedlich gut anbieten.

Entweder Sie werden zum Fröscheküsser. Das heißt, Sie sprechen mit so vielen Menschen wie möglich über Ihr Geschäft und sehen dann am Schluss, wer übrig bleibt. Sie treffen also keine besonders spezielle Auswahl der Kandidaten, sondern setzen nur ganz allgemeine Maßstäbe an.

Beispiel: Sie kontakten, egal wo Sie sich befinden, alle Männer und Frauen, die Sie auf ein Alter zwischen 20 und 50 Jahren schätzen. Damit passen viele in Ihr Raster, und Sie erzielen eine dementsprechend hohe Schlagzahl.

Oder Sie wählen die andere Variante: Sie definieren (oder müssen es sogar) ihre Zielgruppe so genau und präzise, dass Sie die Wahrscheinlichkeit erhöhen, mit weniger Kontakten genau die Menschen herauszufiltern, die für Sie interessant sind.

Beispiel: Sie kontakten auf der Maximilianstrasse (eine noble Einkaufsmeile in München) Männer im Anzug, die Sie auf 35-45 Jahre schätzen, und die Sie zurück grüßen, wenn Sie „Hallo" sagen.
Damit dezimiert sich die Anzahl der angesprochenen Personen im Vergleich zur oben genannten Version gewaltig.

Für welche der beiden Arten Sie sich entscheiden, bleibt Ihnen und Ihrer persönlichen Einstellung überlassen. Probieren Sie beide aus, und kultivieren Sie dann die für Sie und Ihr Geschäft passende Variante.

Am besten ist es, beides zu beherrschen, um in Ihrer Mannschaft genau das zu multiplizieren, was gebraucht wird. Damit können Sie jedem genau das Werkzeug an die Hand geben, das er für sein Geschäft benötigt.

WIE DEFINIERE ICH MEINE ZIELGRUPPE?

Wen Sie wie ansprechen, hängt ganz entscheidend davon ab, wie Sie sich am wohlsten fühlen. Denn ein schlechter Kontakt, sympathisch ausgeführt, bringt immer mehr Erfolg als eine arrogante und unfreundliche, aber rhetorisch perfekte Ansprache.

Damit Sie die Wahrscheinlichkeit erhöhen, mit den geeigneten Menschen für ihr Geschäft zu sprechen, sollten Sie sich selbst einige Fragen stellen:

- Welchen Nutzen bringt das Produkt meiner Firma für den Menschen?

- Welche Art und welchen Schlag von Menschen suche ich für mein Geschäft? Am besten geeignet sind Menschen, die genauso sind wie Sie. Welche Interessen oder welche Hobbys haben Sie?

- Was biete ich bzw. was bietet meine Firma dem Menschen hinsichtlich einer beruflichen oder finanziellen Verbesserung?

Und dann kommt die wichtigste Frage:

- Was ist das für ein Mensch, wo hält er sich auf, ist es ein ER oder eine SIE, eine Hausfrau oder eher ein Manager?

Diese Fragen werden Sie niemals hinreichend beantworten können, und Sie werden sich häufig täuschen, wenn Sie jemanden nach Äußerlichkeiten beurteilen. Doch das ist die einzige Information über den Menschen, die Sie im ersten Moment bekommen können.

Wenn man bedenkt, dass in 95% der Fälle der Käufer einer der teuersten Automarken der Welt nicht im Anzug erscheint und sich in der Praxis schon so mancher Anzugträger als schwer vermittelbarer Langzeitarbeitsloser herausgestellt hat, muss man in diesem Punkt wohl Abstriche machen. Doch genauso ist es in die andere Richtung. Es passiert, dass man sich fast zwingt, jemanden anzusprechen, der so gar nicht ins Schema passt — und plötzlich stellt man fest, dass man genau das gefunden hat, was man sucht. Also halten Sie die Augen offen und probieren Sie immer Neues aus!

„Je planmäßiger die Menschen vorgehen, desto wirksamer vermag sie der Zufall zu treffen."
Friedrich Dürrenmatt

Tobias Schlosser meint zum Thema Zielgruppe:

„Nachdem unsere oberste Unternehmensführung, motiviert von diversen Beratungsgesellschaften und Marktanalysen, zur verstärkten Gewinnung von weiblichen Geschäftspartnerinnen aufrief, war das schon sehr gewöhnungsbedürftig für mich.
Man muss sich vorstellen, dass ich bis dato nur Männer kontaktet hatte, und der Gedanke, Frauen auf unser Geschäft anzusprechen, war schon etwas seltsam.

Nach kurzer Überlegung ließ ich mich dann doch dazu motivieren und sah ein, dass wir uns durch die Zusammenarbeit mit Beraterinnen logischerweise auch ein gigantisches Potential an Kundinnen sichern können, das wir sonst nie erreicht hätten.

Ich entwickelte entsprechende Leitfäden zur Ansprache von jungen Frauen und war auch hier etwas aufgeregt. Denn es gilt, den Spagat zwischen Stil und Niveau auf der einen und Effektivität auf der anderen Seite zu schaffen.
Die optimale Zielgruppe scheint mir im Moment die ca. 30-Jährige zu sein, die in irgendeiner Form geschäftlich gekleidet ist (z.B. mit Blazer, Hosenanzug, Aktentasche).
Bei meinem nächsten Ausflug nach Schwabing startete ich in Begleitung einer Kollegin meine ersten Ansprachen.
Junge Frauen, die unserer vorher definierten Zielgruppe entsprachen, waren ausreichend vorhanden, denn in der Umgebung wimmelte es nur so von Firmen und Unternehmen, die ihren Mitarbeiterinnen ein geschäftsmäßiges Erscheinungsbild abverlangten.
Noch beim Einparken mit meinem Auto kam mir eine sehr zielstrebig wirkende, junge Frau entgegen, und ich nutzte die Gunst des Augenblicks, um sie anzusprechen:

Ich: „Hallo, sind Sie zufällig hier aus der Gegend oder arbeiten Sie hier?"
Sie: „Warum wollen Sie das wissen?"
Ich: „Es klingt vielleicht etwas ungewöhnlich, aber ich habe gerade zu meiner Kollegin gesagt, dass Sie von der Ausstrahlung her sehr gut in mein Team passen würden!"
Sie: „Welches Team?"

Ich:	„Wir machen hier in der Stadt gerade ein Personalcasting für eine große deutsche Firma und suchen speziell junge, dynamische Frauen, die offen sind für einen guten Zusatzverdienst oder ein zweites Standbein. Was machen sie denn beruflich?"
Sie :	„Ich bin Werkstudentin!"
Ich:	„Ist es denn da interessant, etwas dazu zu verdienen?"
Sie :	„Immer! Kommt darauf an was es zu tun gibt."
Ich:	„Es geht um Teamorganisation, können sie gut mit Menschen umgehen?"
Sie:	„Ja, perfekt."
Ich:	„Ich kann noch nichts versprechen, da Sie nicht die einzige sind, die wir ansprechen. Aber ich gebe Ihnen mal meine Karte."
Sie:	„Danke."
Ich:	„Haben Sie eine Nummer, unter der man Sie erreichen kann?"
Sie:	„Ja ich schreibe ihnen meine private Nummer auf. Das ist die 089..."

Noch am selben Tag generierten wir mit dieser Art der Ansprache die Kontaktdaten von zahlreichen potentiellen Gesprächskandidatinnen."

Natürlich sind Frauen nicht die einzige Zielgruppe, auf die man sich spezialisieren kann.

Tobias Schlosser über sportliche Menschen oder solche, die zumindest so aussehen:

„Eine sehr vielversprechende Zielgruppe für die Direktansprache ist meiner Meinung nach die große Gemeinschaft der Sportler.

Ich halte sie auch grundsätzlich eher für das Unternehmertum geeignet, als die so genannten „Couchpotatoes", da ihnen ein aktives Leben vertraut ist. Sie sind es gewohnt , sich selbst zu motivieren, gehen oft sehr zielorientiert vor und können besser mit Niederlagen umgehen.

Da ich selbst sehr sportlich bin und auch jede Gelegenheit nutze, Eisen zu stemmen, Trimmpfade unsicher zu machen oder andere zu einem gesünderen bzw. bewegteren Leben zu motivieren, macht mir die Ansprache von sportlichen Menschen ganz besonders viel Spaß.

Hier ist sehr schnell der gemeinsame Nenner gefunden, und man ist sich oft gleich sympathisch. Sport verbindet, und die Identifikation ist vom ersten Moment an da.

Meine Lieblingsdisziplin besteht darin, Sportler während der gemeinsamen Aktivitäten zu kontakten, und das Angenehme mit dem Nützlichen zu verbinden.
So zum Beispiel an einem schönen Samstagvormittag, den ich dazu nutzte, am Münchner Isarufer, dem Eldorado der Läufer und Biker, ein paar Leute für ein Zusatzeinkommen zu begeistern.
Ich mache eine kurze Pause in meinem eigenen Workout, um einen Kollegen, der besonders intensiv damit beschäftigt ist, seine Gliedmaßen zu dehnen, anzusprechen.

Ich: *„Hallo, haben Sie eine Sekunde?"*
Er: Lacht. *„Wenn es nicht länger dauert...."*
Ich: *„Nein, keine Angst. Ich habe nur bemerkt, dass Sie sich sehr engagiert betätigen. Deswegen spreche ich Sie an!"*
Er: *„Aha!"*
Ich: *„Wie Sie sehen, bin ich selbst Sportler und habe immer ein Auge auf Menschen, die sich körperlich ertüchtigen."*
Er: *„Warum?"*
Ich: *„Ich bin selbständiger Unternehmer und arbeite bevorzugt mit sportlichen und dynamischen Menschen zusammen. Momentan habe ich noch zwei freie Stellen in meiner Firma zu vergeben. Was machen Sie denn beruflich?"*
Er: *„Ich bin Bürokaufmann und beruflich zufrieden!"*
Ich: *„Das ist ja perfekt, davon gehe ich aus. Vielleicht ist es ja interes-*

	sant, nebenberuflich etwas dazuzuverdienen? Ist auf Ihrem Konto noch Platz?"
Er:	„Natürlich, immer. Worum geht's?"
Ich:	„Ich bin Führungskraft in der Finanzdienstleistungsbranche und suche Menschen, die mich im Bereich Teambetreuung und Mitarbeiterkoordination unterstützen. Unser Spezialgebiet ist Altersvorsorge."
Er:	„Klingt interessant, aber jetzt muss ich los…"
Ich:	„Kein Problem. Hier haben Sie meine Karte. Wo kann ich Sie erreichen?"
Er:	„Am besten am Abend zu Hause."
Ich:	„Wie ist Ihre Nummer? 089/…….?"
Er:	„765431xx"
Ich:	„O.K. Na dann mal Sport frei, wir telefonieren…!"
Er:	„Alles klar, bis bald!"

PART 4
DAS 2BEKNOWN STUFENMODELL

WARUM BESTEHT DIE 2BEKNOWN-METHODE AUS VERSCHIEDENEN BAUSTEINEN?

Die Einteilung des Direktkontakts in verschiedene Bausteine und Stufen vereinfacht das Erlernen des Direktkontakts erheblich. Der stufenweise Anstieg des Niveaus unter Berücksichtigung persönlicher Präferenzen schafft einen Gesamtleitfaden, der somit auch leichter umzusetzen ist. Der Anfänger muss erst einmal dazu fähig sein, jemanden anzusprechen oder ein Gespräch einzuleiten. Beherrscht er das, kann er zum Small-Talk übergehen, seine Firma und seine Absichten einbringen, um dann letztendlich die Telefonnummer zu holen.

MEISTERSCHAFT IN EINFACHHEIT

Kommunikation ist alles. Ob Sie neue Mitarbeiter gewinnen oder etwas verkaufen wollen: Um Kommunikation kommen Sie nicht herum! Es gibt erstklassige Rekruter, die mit wahnsinnig subtilen Methoden eine ausgefeilte Show vor den neuen potentiellen Mitarbeitern aufführen, was in deren Köpfen ein regelrechtes Feuerwerk der Begeisterung entfacht.

Diese Top-Leute haben nach vielen Jahren eine ausgefeilte Technik und Taktik entwickelt, die sie persönlich so erfolgreich macht.
Und genau das ist das Problem!

Es mag toll sein, wenn man eine Fähigkeit zur Meisterschaft getrieben hat. Das Problem ist jedoch, dass diese Skills nicht duplizierbar, geschweige denn multiplizierbar sind. Einem neuen Mitarbeiter gegenüber zu sitzen, der in einem Rekrutierungsgespräch den Stil des „Großmeisters" einfach kopiert, der so gar nicht zu ihm passt, ist in den meisten Fällen einfach peinlich.

Deshalb stand eine Maxime bei der Entwicklung der 2BEKNOWN-Methode immer an erster Stelle: Die Technik muss zu 100% multiplizierbar sein und den persönlichen Stil des Kontakters widerspiegeln! Und das haben wir geschafft.

Die **Vorgehensweise** der 2beknown-Methode beruht immer auf zwei Hauptkomponenten:

   1. **Abbau von Kontaktangst/Kontaktschwelle**

   2. **Verbesserung der Kommunikationsfähigkeit/ Gesprächsführung**

Es hat sich gezeigt, dass diese beiden Themen sehr eng miteinander in Verbindung stehen. Wenn wir es mathematisch betrachten, verhalten sie sich umgekehrt proportional zueinander.

Einfach ausgedrückt bedeutet das: Je größer die Kontaktschwelle, desto geringer die Kommunikationsfähigkeit und umgekehrt.

Beim Direktkontakt ist es wie beim Sport: Sowohl in der Formel1 als auch beim Stabhochsprung ist eine gewisse Vorbereitung und Aufwärmphase notwendig. Ohne professionelle Vorbereitung haben Sie keinen Erfolg!

Einen Glückstreffer kann jeder landen, wichtig ist jedoch das langfristige Ergebnis. Um Sie optimal auf den Direktkontakt vorzubereiten, Ihnen den Weg zu ebnen und Sie nicht gleich zu überfordern, haben wir dieses 6-Stufenprogramm entwickelt.

Überforderung heißt nicht, dass Sie zu irgendetwas nicht fähig sind. Wir wollen jedoch vermeiden, dass Sie sich zu schnell zu weit vorwagen und dann enttäuscht werden.

Wenn Sie Hochsprung lernen wollen, dann ist es wahrscheinlich wenig sinnvoll, schon am ersten Tag die Latte auf Weltmeisterniveau zu legen. Sie fangen auf niedrigem Niveau an und steigern sich mit der Zeit. Der Anlauf und die Bewegungsabläufe verinnerlichen sich, die Motivation steigt mit den Erfolgen immer mehr an, und nach einiger Zeit springen Sie höher als Sie je gedacht hätten.

Und genau darum, um eine motivierende, sukzessive Steigerung der Aufgabe und der Ansprüche an sich selbst geht es im nächsten Kapitel.

"*Man sollte das Einfache auf die Spitze treiben, ja sogar nach Meisterschaft und Genialität in der Vereinfachung hochkomplexer Dinge streben.*"
Tobias Schlosser

DAS 6-STUFENPROGRAMM

Das 6-Stufenprogramm ist die Quintessenz der 2BEKNOWN-Methode. So einfach wie genial und viele Male praxiserprobt, bildet es das Fundament für Ihre Kontaktarbeit.
Nehmen Sie sich die Zeit (am besten an sechs aufeinander-folgenden Tagen jeden Tag eine Stufe) und gehen Sie einen Schritt nach dem anderen, der Erfolg und der letztendlich schnellere Fortschritt werden es Ihnen danken.

Gehen Sie jeden Tag eine Stufe weiter und führen Sie die Ansprache jeweils zehn Mal durch. In der Praxis hat sich diese Anzahl der Wiederholungen als absolut tauglich erwiesen.

Wenn Sie am Ende der sechs Tage alle Stufen absolviert haben, wird es Ihnen möglich sein, immer und überall neue Menschen anzusprechen.

Denn dann sind Sie „im Training", die Ansprache erfolgt fast automatisch, und Sie haben eine neue Fähigkeit erworben.
Denken Sie an den Sportler, der sich auf einen Wettkampf vorbereitet hat: Die Muskulatur ist aufgewärmt, Bewegungsabläufe und Muster sind klar im Kopf und warten nur darauf, abgerufen zu werden.

STUFE 1: Smiling!

Bei der ersten Stufe handelt es sich um eine nonverbale, einseitige Kontaktaufnahme. Sie nehmen einfach Blickkontakt auf und lächeln eine beliebige Person ohne weitere Aktion an.

STUFE 2: Hallo, Guten Tag, Grüß Gott

Im zweiten Schritt erweitern Sie Ihr Repertoire um einen weiteren Aspekt. Zu rein nonverbaler Kommunikation kommt ein einfaches Hallo, Guten Tag oder Grüß Gott hinzu. Sie trainieren eine neue Methode durch Ihnen bereits bekannte Verhaltensweisen und Muster.

STUFE 3: Wie spät ist es?

Hier kommen wir vom Monolog in den Dialog. Sprechen Sie den Menschen an und fragen Sie höflich nach der Uhrzeit. Durch Zuhilfenahme der alltäglichen Situation gewöhnen Sie sich an das Kontakten, und Ihr Gegenüber reagiert unbefangen. Nachdem Sie die Uhrzeit bekommen haben, verabschieden Sie sich wieder.

STUFE 4: Können Sie Geld wechseln?

Willkommen auf dem nächsten Level! Hier geht es um das typische Parkautomatengespräch. Sprechen Sie den Menschen an, ob er Ihnen Ihren Geldschein klein wechseln kann bzw. anders herum.
Geld wechseln dauert etwas Zeit, und Sie haben die Gelegenheit, ein Gespräch aufzubauen. Nehmen Sie z.B. einen 5-Euro-Schein und lassen ihn in Kleingeld wechseln. Und beim nächsten Kontakt dann wieder vom Kleingeld in den Schein.

STUFE 5: Komplimente

Die nächste Stufe ist eine Variante, in der es darum geht, jemanden ohne wirklichen Grund oder ein Problem anzusprechen. Machen Sie Ihrem Gegenüber Komplimente über auffällige oder besonders positive Merkmale.
Äußern Sie sich beispielsweise positiv über besondere Schuhe, eine extravagante Krawatte oder die tollen Felgen am Auto des Angesprochenen.

STUFE 6: Kennen Sie hier ein gutes Café/Restaurant?

Jetzt gehen wir über zu allgemein üblichen Ansprachen, die beliebig ausbaufähig sind. So nah waren Sie noch nie dran!
Denn wenn Sie in der Lage sind, nach einem Café zu fragen und bekommen eine nette Antwort oder sogar eine Wegbeschreibung, dann trauen Sie sich und schieben noch eine Frage hinterher.
Wie wäre es beispielsweise mit dieser:
„Danke sehr... Das haben Sie mir jetzt so nett beschrieben... sagen Sie mal, Sie haben doch sicherlich in Ihrem Job mit Menschen zu tun, oder?"
So schnell ist aus einer kalten Ansprache ein warmes Gespräch geworden, und Sie können ohne Probleme Ihr Geschäft ins Spiel bringen.

Wenn Sie ALLE 6 Stufen durchlaufen haben, sind Sie auf das professionelle und stilvolle Kontaktgespräch optimal vorbereitet:

Arbeiten Sie ALLE Stufen der Reihe nach ab, und nach kurzer Zeit haben Sie diese Vorteile auf Ihrer Seite:

- Sie haben Spaß

- Körpersprache und Bewegungen sind schlüssig und bestimmend

- Ihre Stimme ist klar und ruhig

- Sie sind textsicher

- Die Kontaktschwelle ist niedriger

- Sie haben in kurzer Zeit mindestens 60 fremde Menschen angesprochen und bereits erste Erfolge erzielt

- Sie arbeiten zielorientiert

Dadurch, dass Sie bei allen Schritten alltägliche Situationen herbeiführen, die die meisten Menschen schon mehrfach erlebt haben, bauen Sie ganz entspannt eine Beziehung zu demjenigen auf und können letztendlich den Direktkontakt erlernen und anwenden.

Mit der Zeit wird das Kontakten zur reflexartigen Handlung, und man gewöhnt sich daran, immer und überall Menschen anzusprechen.

VERINNERLICHUNG UND RÜCKSCHRITTE

Bis Sie den Direktkontakt verinnerlicht haben, dauert es eine Zeit. Doch die 2BEKNOWN-Methode bietet auch dafür eine Lösung an:

Sie lernen anhand des 2BEKNOWN 6-Stufenmodells in einer Woche die Direktansprache verschiedenster Personen.

1. **Tag - Stufe 1** (Lächeln)
2. **Tag - Stufe 2** (Grüßen)
3. **Tag - Stufe 3** (Uhrzeit erfragen)
4. **Tag - Stufe 4** (Geld wechseln)
5. **Tag - Stufe 5** (Komplimente)
6. **Tag - Stufe 6** (Frage nach einem Café)

Am siebten Tag sind Sie so mit der Materie vertraut, dass Sie anhand Ihres individuellen Gesprächsleitfadens Ihre Geschäftsidee in die Ansprache implementieren bzw. in der Unterhaltung gekonnt und stilvoll auf Ihr eigentliches Anliegen überleiten können.

Doch was passiert, wenn Sie eine Pause machen? Sie stecken nicht mehr in der Materie oder haben aus welchen Gründen auch immer niemanden angesprochen. Dann gehen Sie wie folgt vor:
Gehen wir davon aus, dass Sie heute mit dem 6-Stufenmodell beginnen, nach sechs Tagen fertig sind und sich am siebten Tag nur auf das Generieren von Telefonnummern konzentrieren.

Wenn Sie nun an Tag 8 und 9 Pause machen, so starten Sie am Tag 10 nicht mit der eigentlichen Ansprache, sondern gehen 2 Stufen zurück (für jeden ausgesetzten Tag eine Stufe).

Das heißt in der Praxis: Sie starten Ihr Warm-Up bzw. Training bei Stufe 5 (Komplimente machen), gehen dann über Stufe 6 (Frage nach Café) und kommen nach dieser Vorgehensweise letztendlich zur eigentlichen Ansprache anhand der eigenen Gesprächsleitfäden.

Mit dieser Strategie ist immer gewährleistet, dass Sie sich aktiv mit der Ansprache an sich beschäftigen.

Natürlich entstehen auch in den früheren Schritten zahlreiche interessante Kontakte, wir wollen jedoch erreichen, dass Sie ohne Probleme wieder „In Fahrt" kommen.
Viel Vergnügen und zahlreiche Kontakte bei Ihrer heutigen Aufgabe:

Stufe 1: Lächeln!

PART 5

DIE 5 BAUSTEINE ZUM ERFOLGREICHEN DIREKTKONTAKT

Wie jede andere soziale Verbindung ist auch der Fremdkontakt in 5 Teile unterteilt. Diese sind

Baustein 1 =	**Der Eröffnungssatz** Die Ansprache einer beliebigen Person
Baustein 2 =	**Begründen Sie die Ansprache** Begründen Sie, warum Sie denjenigen ansprechen
Baustein 3 =	**Identifikation mit dem Gegenüber** Bauen Sie eine Beziehung auf
Baustein 4 =	**Implementierung Ihrer Geschäftsidee** So bringen Sie Ihr Geschäft in das Gespräch ein
Baustein 5 =	**Generierung von Kontaktdaten** Austausch von Kontaktdaten und Verabschiedung

Durch das 6-Schritte-Programm lernen Sie ihre Kontaktangst abzubauen und das Level Ihrer zwischenmenschlichen Kommunikationsfähigkeit anzuheben. Im nächsten Schritt stellen wir Ihnen die 5 Bausteine der 2BEKNOWN-Methode vor, die als Leitfaden für den Direktkontakt dienen.

1. BAUSTEIN:
DER ERÖFFNUNGSSATZ

Die 2BEKNOWN-Methode basiert grundsätzlich auf standardisierten Vorgehensweisen.

„Hallo, kurze Frage! Sind Sie hier aus (Fügen Sie hier Ihre Stadt ein)?"

„Hallo, vielleicht können Sie mir kurz helfen?"

Wenn man zu zweit ist, bietet sich auch folgende Alternative an:

„Hallo! Ich muss Sie kurz etwas fragen: Mein Kollege und ich haben gerade gewettet, was Sie beruflich machen. Er tippt auf Banker, aber ich denke, Sie sind Unternehmensberater."

Ein Direktkontakter, der in der Lage ist, vorgefertigtes Material sauber und glaubwürdig anzuwenden, kann beeindruckende Ergebnisse erzielen. Selbstverständlich gibt es keinen Patentsatz für jede Situation, und das vorgefertigte Material soll auch das eigentliche Ziel nicht verdrängen, das ja ist, seine sozialen Fähigkeiten um einen weiteren Aspekt zu ergänzen. Wir empfehlen Ihnen, dass Sie sich ein gewisses Repertoire von Standardsätzen zurechtlegen, die Sie ausprobieren und anwenden.
Wenn Sie die vorgefertigten Standardsätze oft genug ausprobiert und angewandt haben, tauchen Muster und Reaktionen auf. Situationen, die sich wiederholen, und Fragen, die Sie voraussehen können, bevor sie gestellt werden.

Ab einem gewissen Zeitpunkt müssen Sie nicht mehr darüber nachdenken, was Sie sagen. Während Sie kontakten, ist Ihr Kopf frei für andere Aufgaben, und Sie können sich mit Dingen wie Ihrer eigenen Körpersprache befassen. Während die angesprochene Person auf die ungewohnte Situation reagiert, können Sie sich darauf konzentrieren, den Menschen zu analysieren.
Nachdem Sie die Standardsätze auswendig gelernt haben, empfiehlt es sich, eigenes Material hinzu zu fügen. Bauen Sie die Sätze für sich um, oder erfinden Sie Neue. Ihr eigenes Material ist immer authentischer als Vorgefertigtes.

2. BAUSTEIN:
BEGRÜNDEN SIE DIE ANSPRACHE

Wenn Sie jemanden ansprechen, fragt sich Ihr Gegenüber natürlich, warum, weshalb und wieso Sie ihn ansprechen.
Deshalb sollten Sie Ihre Ansprache begründen und erklären, warum Sie plötzlich auf den Menschen zugehen.
Am besten ist hier, ein auffälliges, möglichst positives Merkmal anzusprechen.

Hier ein paar Beispiele:

> „Ich musste Sie ansprechen, weil sie so extravagante Farben tragen."
>
> Oder:
>
> „Sie haben eine so sympathische Ausstrahlung, ich musste Sie einfach ansprechen."
>
> Oder:
>
> „Sie sind so auffällig gut gekleidet, da musste ich Sie einfach ansprechen."

Greifen Sie seine Aussagen z.B. zum Beruf auf, und verwenden Sie diese als Argument:

> „Genau solche Leute ... , suchen wir!"
>
> „Genau solche Leute, die mutig sind und extravagante Farben tragen, suche ich noch für meine Firma."
>
> Oder:
>
> „Genau solche Leute, die eine so sympathische Ausstrahlung haben, suche ich noch für meine Firma."
>
> Oder:
>
> „Genau solche Menschen, die so auffällig gut gekleidet sind, suche ich noch für meine Firma."

Nach der Begründung können Sie sofort zur ersten Frage übergehen, die einen Bezug dazu haben sollte.

Dies erfolgt meist über Fragen wie:

„Was macht denn jemand wie Sie beruflich?"

3. BAUSTEIN: IDENTIFIKATION MIT DEM GEGENÜBER

Als nächstes ist es wichtig, sich mit dem Gegenüber zu identifizieren und seine Person zu bestätigen. Zeigen Sie ihm, dass Sie es schätzen, was er oder sie tut und bekunden Sie ehrliches Interesse an der Person. Wie immer dienen diese Anregungen nur als Leitfaden und können von Kontakt zu Kontakt variieren.

Wenn jemand auf die Frage nach seinem Beruf Maler angibt, dann fragen Sie weiter nach oder bestätigen Sie ihn sofort:

> Kontakter: „Was macht denn jemand wie Sie beruflich?"
>
> Maler: „Ich bin Maler."
>
> Kontakter: „Ah, okay! Sind Sie ein Künstler, der Aquarelle malt, oder ein Wandmaler?"
>
> Maler: Lacht „Ich bemale nur Wände!"
>
> Kontakter: „Klasse! ... das ist ja auch etwas Kreatives. Vor allem, weil farbige Wände und andere Gestaltungen so im Trend liegen."
>
> Maler: „Da haben Sie auch wieder recht."
>
> Kontakter: „Das finde ich toll. Hören Sie......"

4. BAUSTEIN:
IMPLEMENTIERUNG IHRER GESCHÄFTSIDEE

Hier kommt der Hammer! Nachdem Sie die Person angesprochen und begründet haben, warum Sie das tun, kommt nach der Identifikation eine entscheidende Phase im Direktkontakt:
Sie erwähnen Ihr Geschäft. In dieser Phase eröffnen Sie dem betreffenden Menschen, dass Sie ihn für Ihr Vorhaben gewinnen wollen oder ein berufliches Angebot machen können.

Greifen Sie seine Aussagen z.B. zum Beruf auf, und verwenden Sie diese als Argument:
„Genau solche Leute ... suchen wir!"

Verraten Sie hier nicht zu viel, sondern machen Sie Lust auf mehr:

> „Ich baue gerade im Wellnessbereich eine neue Filiale in München auf und brauche noch genau 3 Personen, die aus dem Bankbereich kommen und mich im Bereich Mitarbeiterorganisation und Vertriebsoptimierung unterstützen."
>
> Oder:
>
> „Ich bin für ein großes deutsches Unternehmen tätig und habe die Möglichkeit, engagierten Mitarbeitern mit einer so positiven Ausstrahlung wie der Ihren eine berufliche Chance zu geben."
>
> Oder:
>
> „Ich habe eine Firma, die sich mit den nachhaltigen, gesundheitlichen Veränderungen in der deutschen Gesellschaft beschäftigt."

Hier müssen Sie die Gegebenheiten Ihres Vertriebes und Ihrer Branche berücksichtigen. Fassen Sie sich kurz. Den gesamten Geschäftsplan und die Produkte können Sie dann später ausgiebig im persönlichen Gespräch vorstellen.
Das Interesse des Gegenübers zu wecken, ist in dieser Phase das Hauptziel.

Jeder der beiden Gesprächspartner hat Interessen:
Sie wollen etwas von dem Angesprochenen (seine Telefonnummer).
Der Angesprochene will Informationen über Sie, und das, was Sie ihm bieten können.

Dies äußern beide natürlich nicht direkt, es ist jedoch das Ziel dieses Gesprächs. Bekommt der eine oder der andere nicht das, was er will, so endet das Gespräch meistens, weil der Informationsfluss unbefriedigend war.

5. BAUSTEIN:
GENERIERUNG VON KONTAKTDATEN

Nachdem man Informationen ausgetauscht hat und das Gespräch positiv verlaufen ist, geht es darum, „den Sack zuzumachen".

Sagen Sie dem Angesprochenen, was Sie mit ihm vorhaben. Das kann vieles sein:

- Er soll zu einem Vorstellungsgespräch kommen
- Sie würden sich gern mit ihm auf einen Kaffee treffen
- Er soll Ihre Online-Präsentation besuchen

Wir wollen die Telefonnummer, und dafür müssen wir die Abschlussfrage stellen.

Der direkte Weg über: „Gib mir mal Deine Telefonnummer, ich ruf dich an!" ist sicherlich nicht sehr elegant, aber erfolgreich.

Eine professionellere Möglichkeit, die Nummer zu bekommen, ist folgende:

> Kontakter: „Dann lassen Sie uns doch einfach einmal auf einen Kaffee treffen und ich erkläre Ihnen ganz genau, worum es geht. Ich gebe Ihnen mal meine Karte mit."
> Übergabe der Visitenkarte
> „Haben Sie auch eine Karte von sich dabei?"
>
> Angesprochener: „Ja/Nein"
> Wenn ja, nehmen Sie die Karte, wenn nein, geht es weiter:
> Kontakter: „Dann schreibe ich mir noch kurz Ihren Namen auf, damit ich weiß, mit wem ich spreche."
> Namen aufschreiben
> Kontakter: „Sie sind wahrscheinlich am besten auf dem Handy erreichbar, oder? Das ist dann die Null...."
> Angesprochener: „Äh... 0172-38748x".

So einfach funktioniert die Nummer mit der Nummer.
Ziehen Sie Zettel oder Visitenkarte und einen Stift aus der Tasche und zeigen Sie der angesprochenen Person Ihren Namen auf der Karte bzw. stellen Sie sich vor. Wenn Ihr Gegenüber seinen Namen nennt, schreiben Sie ihn sofort auf.
Und wenn nicht, dann fragen Sie mit wem Sie gesprochen haben, damit Sie wissen, wer anruft. Die Hauptsache ist erst einmal der Name.

Denn wenn Sie den Namen haben, kommt die nächste Frage in Form einer Alternativtechnik:

> „Wo kann ich Sie denn besser erreichen, auf dem Festnetz oder Mobil?"
> „Mobil!"
> „Okay! Das ist dann die Null...."
> Nach diesem von Ihnen begonnenen Satz vervollständigen neun von zehn Menschen Ihre Telefonnummer.

Noch eins: Geben Sie Ihre Visitenkarte oder Nummer nur gegen die Telefonnummer Ihres Gegenübers heraus. Einige Menschen erklären, sie würden aus Prinzip Ihre Nummer nicht herausgeben. Welches Prinzip denn? Antworten Sie einfach: „In solchen Fällen gebe ich meine Nummer aus Prinzip AUCH nicht heraus."

In unserer gesamten Zeit als Kontakter geht die Quote derer, die sich nach einem solchen Kontakt wirklich gemeldet haben, gegen Null. Sparen Sie sich also Ihre Visitenkarten für echte Interessenten auf.

EXIT

Sie haben nun die Telefonnummer des potentiellen Geschäftspartners in der Tasche. Der Druck ist weg, und sie könnten sofort ihre Beine in die Hand nehmen und den Nächsten ansprechen.
Tun Sie das nicht. Eine Ausnahme ist, wenn der Angesprochene oder Sie dringende Termine hat.

Sprechen Sie noch kurz mit dem Betreffenden, lernen Sie den Menschen kennen. Stellen Sie Fragen zu seiner Person.
Immerhin könnte der Angesprochene Ihr erfolgreicher und langjähriger Geschäftspartner werden. Sympathie ist ein entscheidender Faktor im Direktkontakt.

Erst danach verabschieden Sie sich freundlich und notieren sich beim Weitergehen für das folgende Telefongespräch die Details zur Person auf den Zettel oder die Visitenkarte.

DIE PROBLEMATIK DER SCHWEREN FÜßE

Ist die Angst vor dem Direktkontakt überwunden, und stellen sich die ersten Erfolge ein, gibt es bei vielen Kontaktern ein Problem, das wir „die Problematik der schweren Füße" nennen.
Dies tritt meist auf, wenn man sich ausschließlich in die Öffentlichkeit begibt, um Menschen anzusprechen.

Wenn Sie das Kontakten z.B. in einem Innenstadtbereich (ob allein oder in der Gruppe) praktizieren, dann achten Sie ganz besonders auf eines:
Wenn Sie explizit kontakten gehen, dann tun Sie das! Und nichts anderes. Haben Sie Spaß, holen Sie sich einen „Café to Go", und unterhalten Sie sich mit Ihrer Begleitung.

Doch vergessen Sie nicht, weshalb Sie unterwegs sind! Vergeuden Sie nicht Ihre Zeit mit Gesprächen, wie toll es sein wird, wenn Sie an der Spitze des Karriereplans angekommen sind!
SPRECHEN SIE DIE MENSCHEN AN, DIE SIE DORTHIN BRINGEN KÖNNEN.

Träumen und Fantasieren ist an und für sich eine schöne Sache, bringt Sie aber praktisch keinen einzigen Schritt weiter.

Planen Sie vorher die Aktivitäten und den zeitlichen Rahmen, und ziehen Sie es durch. Wenn Sie Ihre Kontaktzahl erfolgreich absolviert haben, bleibt normalerweise immer noch genügend Zeit übrig, die Sie für andere Dinge nutzen können.

Wir konnten schon häufig beobachten, dass ganze Grüppchen von Kontaktern in Gespräche vertieft durch die Stadt schlendern und niemanden ansprechen, um dann frustriert ins Büro zurückzukehren.

Rainer von Massenbach erzählt:

An meinen ersten wirklich erfolgreichen Direktkontakt erinnere ich mich noch sehr gut:
Ich stand in München vor einem Kino und wartete zusammen mit Tobias auf einen Geschäftspartner. Da wir noch sehr früh dran waren, entschied ich mich noch ein paar Schritte zu gehen. Doch schon nach den ersten zehn Metern fand dieses Vorhaben ein jähes Ende. Denn da stand er: ein nagelneuer, blitzender BMW M3, mein damals absolutes Traumfahrzeug. Man sollte wissen, dass ich noch am Anfang meiner Karriere stand und ich auf die öffentlichen Verkehrsmittel angewiesen war. Der einzige fahrbare Untersatz war der klapprige Fiesta meiner Mutter, den ich mir abends für kurze Strecken ausleihen durfte. Es sollte noch einige Zeit dauern bis ich auch einen solchen schwarzen BMW mein Eigen nennen konnte.

Da stand ich nun vor diesem blitzenden Kraftprotz auf vier Rädern und sah mich schon hochmotiviert auf dem Fahrersitz Platz nehmen, als ich jäh aus meinen Träumen gerissen wurde.
Ein extrem interessanter, gutgekleideter Mittdreißiger kam die Straße entlang und ging direkt auf das Objekt meiner Begierde zu.

Er sperrte meinen Traumwagen mit einem lässigen Druck auf die Fernbedienung auf und öffnete die Tür. Als er gerade im Begriff war einzusteigen, fasste ich mir ein Herz und sprach ihn an:
    „Entschuldigen Sie bitte, das ist mein absoluter Traumwagen! Was machen Sie denn beruflich, dass Sie sich so ein Auto leisten können?"
Er: „Sehr erfreut!" und lacht.
Dann kam eine Flut von Fachbegriffen, die ich bis heute noch nicht verstehe, und ich sagte darauf:
    „Ausgezeichnet! Ich suche nämlich genau noch solche Leute wie Sie, die selbstständig sind und schon etwas erreicht haben."
Er: "Für gute geschäftliche Angebote bin ich immer offen! Worum geht es denn genau?"
Ich: "Haben Sie eine Visitenkarte dabei?"
Er fragte zu meinem Glück nicht weiter nach, da mir das Herz schon bei der Ansprache in die Hose gerutscht war und händigte mir seine Karte aus. Ich gab ihm meine und verabschiedete mich mit den Worten: „Lassen Sie uns doch bei mir im Büro auf einen Kaffee zusammensetzen, ich erkläre Ihnen dann alles genauer."
Dieser Kontakt ist mir so gut in Erinnerung geblieben, weil das der erste Mensch war, den ich selbst angesprochen, rekrutiert und auf unserer Einführungsveranstaltung betreut habe.

Tobias Schlosser beschreibt die Nutzbarkeit der 2BEKNOWN-Methode für verschiedenste Geschäftsbereiche wie z.B. das Personal Training:

Vor einiger Zeit war ich mit einem guten Freund unterwegs, dem ich beim Aufbau einer Agentur für Personal-Fitness geholfen habe.
Die größte Herausforderung für Personal Trainer ist die Gewinnung von solventen Kunden.
Die meisten Trainer haben unheimlich viele Qualifikationen, scheitern aber an der Vermarktung ihrer Fähigkeiten.
Da ich meinem Freund immer sehr viel über die Vorgehensweisen von MLM und Versicherungsvertrieben zur Mitarbeitergewinnung (z.B. Direktansprache) berichtete, interessierte er sich sehr stark für dieses Thema und fragte mich fast beiläufig:
„Tobi, was meinst Du? Ist es möglich auch Kunden für Personal Training mit der Direktansprache zu gewinnen?"

Da ich grundsätzlich ein grenzenloser Optimist bin und fast alles für möglich halte, antwortete ich spontan mit: „Ja!"
Im selben Moment sah er mich an, und ich konnte schon die Frage hören, die er gerade im Begriff war zu stellen.
„Zeig mal, wie würdest Du das denn machen?"
Jetzt war ich am Zug und hatte auch gleich ein etwas flaues Gefühl im Bauch, wenn da nicht der gut gebräunte, aber etwas übergewichtige Mensch gewesen wäre, der an der Tankstelle gegenüber für riesiges Aufsehen sorgte, weil er mit viel Show seinen gelben Lamborghini betankte.

Ich dachte mir:" Jetzt oder nie!", und stürmte mit der Visitenkarte meines Freundes bewaffnet zur Tankstelle.
Ich grüßte den Mann und sagte: „Servus! Genialer Wagen, den Sie da haben, das ist mein Traumauto!"
Er: „Ja, der ist nagelneu."
Ich: „Der Grund, warum ich Sie anspreche, ist folgender: Mein Freund und ich haben Sie gerade beobachtet und waren uns einig, dass ein Mensch, der so einen Wagen fährt unbedingt einen Personal Trainer braucht…" Jetzt grinste ich ihn an.
Er: „Wow, das haben Sie gut erkannt, ich habe ein paar Kilos zu viel. Mein Job kostet mich zuviel Zeit, ich bin Unternehmensberater."
Ich: „Da geht es Ihnen wie den meisten Menschen, aber was würden Sie von einem zeitsparenden und absolut effektiven Personal Training halten?"
Er: „Ich weiß nicht."
Ich: „Ich mache Ihnen einen Vorschlag. Wir unterhalten uns unver-

bindlich und ich (in diesem Falle mein Freund) mache Ihnen einen speziellen Plan. Dann passt in 6 Monaten die Form vom Body zum Auto."
Er lachte herzlich: „Das ist mir noch nie passiert."
Ich reichte ihm die Visitenkarte und sagte: „Hier ist die Karte von meinem Kollegen." Und deutete auf meinen Freund. „Lassen Sie uns mal telefonieren und einen Kaffee zusammen trinken. Dann können wir etwas ausführlicher reden. Haben Sie eine Karte von sich?"

Er kramte eine Karte aus der Mittelkonsole seines gelben Ungeheuers, und ich war riesig motiviert.

Ich war selbst begeistert, welche Möglichkeiten der Direktkontakt für die verschiedensten Branchen bietet.

Dieser Herr trainiert heute einmal pro Woche unter professioneller Anleitung bei meinem Freund und fühlt sich wesentlich besser, dank meiner Ansprache und der professionellen Betreuung meines Freundes.

PART 6
GRUNDREGELN FÜR DEN PRAKTIZIERENDEN KONTAKTER

ÖRTLICHKEITEN

Einer der größten Vorteile des Direktkontakts ist, dass er wirklich immer und überall dort praktizierbar ist, wo sich Menschen befinden.
Das kann in der Fußgängerzone, im Schwimmbad oder im Straßencafé sein.

Sie können natürlich auch in ein großes Einkaufszentrum gehen, um dort Menschen anzusprechen.
Doch vergessen Sie nicht, im Alltag die Menschen zu kontakten, die Ihnen besonders positiv auffallen. Überlegen Sie mal, wie viele Menschen Ihnen alleine auf dem Weg in die Arbeit, z.B. in den öffentlichen Verkehrsmitteln, begegnen.
Im Umkreis von einem Kilometer, egal wo Sie gerade sind (außer Sie durchqueren vielleicht gerade im Alleingang die Wüste Gobi), befinden sich sicherlich mindestens 100 Menschen, die Sie ansprechen könnten.

DER ERSTE KONTAKT
IST IMMER DER SCHWERSTE

Den ersten Menschen anzusprechen, ist immer die schwerste Aufgabe.

Sei es am Anfang des Lernprozesses oder wenn man seit einiger Zeit niemanden kontaktiert hat, ist es auch für den erfahrenen Anwender der Methode eine kleine Herausforderung.

Je schneller man den ersten Menschen angesprochen hat, desto einfacher fällt es dann, den zweiten und dritten zu kontaktieren.

Sehen Sie es als Aufwärmübung wie beim Sport: Ein paar zum Aufwärmen, dann kann es richtig losgehen. Wie beim Sport, muss man sich auch beim Direktkontakt wieder auf die Situation einstellen und die Sinne schärfen. Greifen Sie hier immer auf das 6-Stufenprogramm zurück und fangen Sie klein an.

PÄRCHEN UND GRUPPEN ANSPRECHEN

Pärchen und Gruppen anzusprechen, ist eine Aufgabe, die eher für den erfahrenen Kontakter geeignet ist.
Grund dafür ist, dass man mit zwei oder mehr Personen zu tun hat, was natürlich professionelle Vorgehensweisen erfordert. Hier sollte man beachten, entweder die einzelne Person aus der Gruppe herauszulösen oder alle mit einzubeziehen.

Bei Pärchen ist diese Vorgehensweise absolut notwendig. Der Partner entscheidet meistens über berufliche Dinge mit und will nicht unbeachtet stehen gelassen werden. Bei Pärchen finden Sie jedoch relativ schnell heraus, wie der Hase läuft und wer „die Hosen an hat".

Mit der Zeit werden Sie ein Gespür dafür entwickeln, und dann ist es auch kein Problem, mehrere Menschen gleichzeitig zu rekrutieren.

„DU" ODER „SIE"

Das ist die Frage, die jeder für sich selbst beantworten muss. Nicht nur beim Direktkontakt, sondern auch im normalen Geschäftsverlauf ist hier eine einheitliche Linie wichtig.
Die Einstellungen sind hier so zahlreich und auch abhängig von den Firmen, dass sich hier keine einheitliche Regel aufstellen lässt.

Grundsätzlich gilt: Der Kontakt für den strukturierten Direktvertrieb ist ein sehr persönlicher (wie auch das Geschäft selbst) und wird daher meistens auch per „Du" durchgeführt.

Rekrutieren Sie dagegen im Bereich der „High Potentials", also hochgestellte Persönlichkeiten, empfiehlt sich sicherlich die Ansprache per „Sie".

Rainer von Massenbach bevorzugt die „Du"-Variante der Ansprache, Tobias Schlosser kontaktet am liebsten per „Sie".
Für welche Variante Sie sich entscheiden, bleibt Ihnen überlassen und ist abhängig von Ihrer persönlichen Einstellung und Ihrem Führungsstil.

NICHT ZÖGERN

In unseren Workshops erleben wir es häufig, dass die Menschen den optimalen Kandidaten für Ihr Geschäft sehen, sich dann aber nicht trauen, diesen auch wirklich anzusprechen und im schlimmsten Fall mit offenem Mund dastehen, wenn dieser vorübergeht.

Deshalb appellieren wir an Sie: Trauen Sie sich!
Wenn Sie jemanden sehen, der in Ihr Profil passt, dann sprechen Sie ihn an!

Wenn Sie zögern, Ihr Gegenüber gleich mit geschäftlichen Dingen zu konfrontieren, gehen Sie einen Schritt zurück.

Nutzen Sie das 6-Stufenprogramm und fragen Sie die Person einfach nach einem Café. Sobald sich ein Gespräch entwickelt, haben Sie schon gewonnen! Die Wahrscheinlichkeit, dass der Angesprochene genau Ihr passender Geschäftspartner ist, steigt mit jeder kontaktierten Person.

KÖRPERSPRACHE

Die Begegnung soll zufällig und unverkrampft erfolgen, beziehungsweise so aussehen, als wäre sie das. Wenn Sie zielstrebig und verkrampft auf jemanden zugehen, ist die Erfolgswahrscheinlichkeit geringer, als wenn der Kontakt „im Vorbeigehen" stattfindet.

Menschen lieben die Individualität. Vermitteln Sie den Menschen, dass dieser Kontakt etwas ganz Besonderes ist. Kein Mensch mag es, Opfer einer Promotion-Aktion zu werden.

Hier spielt Ihre Einstellung eine große Rolle. Wer locker mit der Situation umgeht und jemanden entspannt über die Schulter anspricht, kommt souveräner beim Gegenüber an.

Während Tobias Schlosser vor allem seitlich über die Schulter kontaktet, hat Rainer von Massenbach die Angewohnheit, die Person vorbeigehen zu lassen, um Sie dann von hinten anzusprechen.

Nehmen Sie im Gespräch eine offene Körperhaltung an und vermeiden Sie wildes Gestikulieren.

FRAGEN ÜBER FRAGEN

Haben Sie Ihr Geschäft genannt, und der Angesprochene hat kein Interesse, gilt es eine Regel zu beachten:
Egal wie unfreundlich oder anmaßend die Reaktion ist:
„Nachtreten verboten!"

Bleiben Sie freundlich und ringen sich zu einem „Auf Wiedersehen!" durch. Sie vertreten ein Geschäft, Sie sind damit betraut, eine große Organisation aufzubauen, und somit ist es auch Ihre Aufgabe, den Ruf der Firma zu wahren.
Sie können tun und lassen, was Sie wollen, aber wenn der Firmenname gefallen ist, stehen Sie in der Pflicht, als Repräsentant einen angemessenen Eindruck zu machen.

Meist tritt diese Situation ohnehin nicht ein. Normalerweise erwarten Sie jetzt ein paar Rückfragen, wie: „Worum geht es da genau?" oder „Was vertreiben Sie denn da?". „Wie sieht denn die Bezahlung aus?", ist eine sehr beliebte Frage, die Sie NICHT mit Zahlen oder Aussagen wie "das Doppelte als jetzt" beantworten sollten. Das ist absolut unseriös und hat keinerlei Stil.

Hier reicht meist ein kurzer Satz: „Ich spreche auf der Straße nicht über Geld. Lassen Sie uns einen Termin in meinem Büro vereinbaren, ich bin mir sicher, dass wir uns in diesem Punkt einig werden."

Seien Sie vorbereitet. Diese Fragen kommen auf Sie zu. Doch meist gibt es drei bis vier Fragen, die in 90% der Fälle dieselben sind. Und die restlichen zehn Prozent haben ähnlichen Inhalt, je nachdem, in welcher Branche Sie tätig sind.

VISITENKARTEN ODER ZETTEL

Hier haben wir eine reine Geschmacksfrage: Benutze ich zum Kontakten eine Visitenkarte, oder schreibe ich die Nummern auf einen Zettel?

Das ist eine reine Geschmacksfrage und abhängig von Ihrem Geschäft. Probieren Sie sich aus, und wenn Sie keine Visitenkarten haben, kaufen Sie sich einen kleinen Abreißblock, um die Nummern aufzuschreiben.

Am wichtigsten ist ein Stift, mit dem Sie die Daten der betreffenden Person notieren können.

Eine andere Möglichkeit ist natürlich, die Kontakte direkt in ihr Handy zu tippen. Dies ist auch die beste Lösung, wenn Sie spontan jemanden kontakten und weder Zettel noch Stift zur Hand haben. Wählen Sie für sich einfach die Variante, die Ihnen am besten liegt.

DAS LEBEN FINDET DRAUßEN STATT

Der Direktkontakt findet nicht vor Ihrem Computer oder in Ihrem Büro statt, und auch nicht in diesem Buch. Er wird im öffentlichen Leben, mit echten Menschen und in echten Situationen angewendet. Nur durch wiederholtes Training und Übung können Sie diese Fähigkeit erwerben.

PART 7
DER INDIREKTE FREMDKONTAKT

GRUNDSÄTZLICHES
ZUM INDIREKTEN KONTAKTEN

Beim indirekten Kontakten geht es nicht darum, schnell zwischen Tür und Angel eine Telefonnummer abzugreifen und dann gleich wieder zu verschwinden. Es geht vielmehr darum, den Menschen kennenzulernen.

Das Geschäftliche steht hier vorerst klar im Hintergrund, und der Kontakt soll ohne Druck quasi „von alleine" durch ein interessantes Gespräch oder gemeinsame Interessen entstehen.

Jeder kennt den indirekten Fremdkontakt, und jedem ist er schon einmal passiert. Doch diese Situation vorsätzlich herbeizuführen, ist das, worum es uns bei dieser Methode geht.

Diese Variante ist überall anwendbar, wo sich Menschen aufhalten und die Location in absehbarer Zeit nicht verlassen bzw. für ein kurzes Gespräch greifbar sind. Das kann in Cafés, Diskotheken oder auch im Kino-Foyer sein.

DER EINSTIEG

Um jemanden indirekt kontakten zu können, brauchen Sie wie beim direkten Weg einen Eröffnungssatz. Diesen können Sie sich im Gegensatz zum direkten Kontakt überlegen, da die Person ja noch längere Zeit anwesend sein wird. Am besten ist immer die Methode, nach besonderen Merkmalen, Gegenständen oder Gemeinsamkeiten mit der Person, die Sie ansprechen wollen, zu suchen.

Wenn Rainer von Massenbach einen Menschen mit einem Apple-Computer sieht, ist sein bevorzugter Eröffnungssatz:
„Oh, sind Sie auch ein Apple-Liebhaber?!"... Meist ergibt sich schon aus einer solchen Frage ein angeregtes Gespräch über diese „Tolle Marke".

Vorraussetzung dafür ist selbstverständlich immer, dass Sie wissen, worüber Sie reden. Aber das versteht sich ja von selbst.
Wenn Sie kein besonderes Merkmal finden, dann tut es im Zweifelsfall auch ein Satz wie:

> „Entschuldigung,.....darf ich Sie kurz etwas fragen?"

Oder:

> „Ich habe Sie jetzt die letzten 5 Minuten beobachtet und mich gefragt, was jemand wie Sie beruflich macht."

Eine andere Alternative ist, die Person in positiver Weise auf ihre Kleidung anzusprechen und ein Kompliment zu machen:

> „Ich muss Ihnen einfach mal ein Kompliment machen. Diese Krawatte/Schuhe/das Kleid passt wahnsinnig gut zu Ihrem Typ. Wo haben Sie die denn her? Ich suche so etwas schon lange!"

Oder auch einfach:

> „Das klingt jetzt wahrscheinlich etwas komisch, aber irgendwie kommen Sie mir bekannt vor. Arbeiten Sie bei Firma XY?"

Oder:

> „Haben Sie zufällig einen Schäferhund?"

Oder:

„Waren Sie auf der letzten Veranstaltung XY?"

Stellen Sie einfach eine möglichst außergewöhnliche Frage, die nur das Interesse ihres Gesprächspartners wecken soll. Die Antwort lautet hier natürlich meistens „Nein, warum?". Jetzt haben Sie die Gelegenheit, ein Gespräch aufzubauen. Lassen Sie sich etwas einfallen wie z.B:

„Sie sehen aus wie jemand, mit dem ich mich auf der letzten Betriebsfeier kurz unterhalten habe."

Oder:

„Ich war neulich im Park, und da hat mir ein Schäferhund meinen Fußball kaputt gebissen. Das Herrchen sah Ihnen verblüffend ähnlich."

Oder:

„Ich war auf der Veranstaltung XY und dachte, Sie wären vor mir gesessen."

Wenn Sie es schaffen, Ihr Gegenüber zum Lachen zu bringen, dann haben Sie schon gewonnen. Egal wie plump oder verrückt Ihre Ansprache klingt!

Wenn Sie einmal entspannte Menschen treffen wollen, dann gehen Sie doch einfach in einen Buchladen und fragen die Anwesenden nach einer Buchempfehlung zum Thema XY.

Kreativität ist hier der Schlüssel zum Erfolg. Lassen Sie sich etwas einfallen, und seien Sie „besonders", dann werden Sie interessant, und der Kontakt geht leichter von der Hand.

Das Herausgreifen und Erkennen von Möglichkeiten zur Ansprache ist über die Zeit ein wesentlicher Bestandteil unserer Workshops geworden.

WIE BAUE ICH EIN GESPRÄCH AUF?

Verwenden Sie folgende Technik, um unangenehme Redepausen oder Schweigen zu vermeiden:
Während der Gesprächspartner etwas erzählt, überlegen Sie sich immer die nächste Frage zur letzten Aussage das Gesprächspartners.

Beispiel:

Kontakter:	„Sie kommen mir so bekannt vor, haben wir uns schon einmal irgendwo getroffen?"
Angesprochener:	„Ich weiß nicht...?!"
Kontakter:	„Was machen Sie denn beruflich, vielleicht ja von daher?"
Angesprochener:	„Ich bin Grafikdesigner bei der Firma XY."
Kontakter:	„AH, Grafikdesigner, sehr interessant! Was für Grafiken etc..."
Angesprochener:	„Ich habe mich auf Logos und Visitenkarten spezialisiert."
Kontakter:	„Das ist ein toller Markt. Visitenkarten braucht ja heutzutage jeder, der ein Geschäft aufbauen möchte. Wie finden Sie denn meine?"

Haben Sie es gemerkt? Jetzt müssen sie nur noch Ihre Visitenkarte zücken und abwarten ...

Die Regel für diese Technik heißt: Entweder stellen Sie eine weitere Frage oder erzählen etwas zu einem der Stichworte, die im vorherigen Satz genannt werden.

Beispiel:

Angesprochener: „Ich arbeite bei **Siemens**."

Kontakter: „Ah, bei **Siemens,** da arbeitet auch ein guter Freund von mir."

Oder:

„Ah, bei **Siemens!** Stimmt es denn, dass... "

Trainieren Sie das. Anfangs mag das etwas ungewohnt sein, aber schon bald stellt sich Routine ein. Durch eine solche Small-Talk-Technik entstehen keine unangenehmen Gesprächspausen, Sie wirken interessanter und bekommen auch leichter die Kontaktdaten.

Setzen Sie sich doch das Ziel, jeden Tag mit 5 Menschen ein längeres Gespräch aufzubauen, ohne etwas zu verkaufen oder die Person zu rekrutieren. Gewinnen Sie einfach einen Freund.

DIE ELEVATOR PITCH

Laut Wikipedia ist die Elevator Speech/Elevator Pitch Folgendes:

Elevator Pitch ist ein kurzer Überblick einer Idee für ein neues Produkt, eine Dienstleistung oder ein Projekt und bedeutet „Aufzugspräsentation". Die Bezeichnung stammt daher, dass der Pitch (das Verkaufsgespräch) in der kurzen Zeit einer Fahrstuhlfahrt (ca. 30 Sekunden) durchgeführt werden kann.

In den 80er Jahren nutzten junge karriereorientierte Vertriebler die Dauer einer Aufzugsfahrt, um ihre Vorgesetzten von ihren Anliegen zu überzeugen.

Der Begriff wird heute typischerweise im Kontext von Unternehmern benutzt, die ihre Idee mit dem Ziel finanzielle Mittel zu akquirieren, vor potentiellen Geldgebern (z.B.Venture Capitalists) präsentieren. Diese bewerten die Qualität einer Idee und des Gründungsteams oft auf Basis der Qualität des Elevator Pitches, um somit unzureichende Ideen schnell auszusondern.

Wesentlich beim Elevator Pitch ist die herausstechende Präsentation durch gedankliche Bilder, Vergleiche und Beispiele gemäß der AIDA-Formel (Attention-Interest-Desire-Action). Gerade in der heutigen Zeit knapper Zeitbudgets nimmt die Anwendbarkeit einer knackigen 30-Sekunden Präsentation zu.

Für den Erfolg eines Elevator Pitches zählen aber nicht nur Daten und Fakten, entscheidend ist die emotionale Ansprache. Bei der Entscheidungsfindung unterscheidet man die emotionale und die rationale Ebene. Genauso, wie ein Eisberg zu 1/7 aus dem Wasser ragt und zu 6/7 unter der Wasseroberfläche verborgen ist, verhält sich das Verhältnis rationaler zu emotionaler Entscheidung, d.h. 1/7 zu 6/7.

Das gute Gefühl wird beim Gesprächspartner durch eine bildhafte Sprache, die positive Assoziationen weckt, die Körpersprache und die Stimme erreicht.

Kurz: Fassen Sie ihr Geschäft in einem bis zwei kurzen Sätzen motivierend zusammen und stellen die Hauptvorteile dar.

Die Elevator Pitch von 2BEKNOWN zum Beispiel ist folgende:

„Wir bringen Ihnen bei, wie Sie immer und überall mit Spaß und Niveau neue Geschäftspartner kennenlernen!"

Haben Sie eine solche Elevator Pitch immer parat, so wird sie Ihnen viel weiterhelfen, wenn Sie Kontakte machen.

DER „CLOSE" BEIM INDIREKTEN KONTAKT

Denken Sie daran: Es geht hier darum, Menschen zu gewinnen! Stellen Sie Ihre eigenen Bedürfnisse hinten an, und bringen Sie dem Gegenüber einen Nutzen (wenn das zufällig Ihr Produkt ist, dann ist das natürlich der optimale Weg!), geben Sie ihm Empfehlungen und Tipps oder helfen einfach weiter.

Wir sagen immer etwas in der Richtung:

> „Lassen Sie uns Karten/Nummern tauschen. Vielleicht ergeben sich ja längerfristig gemeinsame Ideen oder Kooperationen."
>
> Oder:
>
> „Was Sie da tun, das klingt ja sehr interessant. Ich komme in meinem Job viel mit anderen Menschen zusammen. Wenn ich etwas höre oder jemand so etwas braucht, dann melde ich mich bei Ihnen."

Wichtig ist hier, zu begründen, warum man die Nummer will oder braucht, und welchen Nutzen derjenige davon hat.
Der indirekte Kontakt ist der eleganteste Weg, neue Kontakte zu generieren und den Menschen gleich an sich zu binden. Aus dem indirekten Kontakt ein Massengeschäft zu machen, ist natürlich unmöglich. Doch die Kontakte sind meist hochwertiger und leichter verwendbar, weil man nicht gleich mit der Tür ins Haus gefallen ist, sondern erst einmal den persönlichen Kontakt aufgebaut hat.

NACHBEARBEITUNG

Ohne vom Thema Direktkontakt abweichen zu wollen, gibt es noch einen wichtigen Tipp für Sie, der nach dem indirekten Kontakt Ihre Chancen drastisch erhöht, ein zweites Treffen stattfinden zu lassen.

Schreiben Sie der betreffenden Person noch am gleichen Tag eine E-Mail und drücken Sie darin aus, dass Sie sich sehr über das angenehme Gespräch gefreut haben.

Eine solche E-Mail könnte folgendermaßen aussehen:

Betreff: Unser Gespräch von heute Nachmittag

Hallo Herr XY!

Ich bedanke mich für unser angenehmes Gespräch von heute Nachmittag. Ich freue mich immer über Menschen, die mit mir auf einer Wellenlänge liegen. Zudem finde ich einige Ansatzpunkte, was Ihr Geschäft betrifft, und bin mir sicher, dass ich Ihnen weiterhelfen kann.

Einen schönen Abend noch.

Geheimtipp: Fügen Sie doch einfach die Adresse Ihrer Homepage in die Fußzeile Ihrer E-Mail ein.

SO GEHT ES WEITER

Wann Sie Ihr Geschäft ins Spiel bringen, ist Ihre Entscheidung. Meist ergibt sich dieser Schritt sowieso irgendwann, und mit etwas Übung werden Sie immer besser darin, den Punkt abzupassen, wann es an der Zeit ist, „den Sack zuzumachen".

Rainer von Massenbach erinnert sich an einen ganz besonderen Direktkontakt:

Vor drei Jahren im Sommer saß ich in einem Münchener Café, trank eine eiskalte Cola, genoss meinen Nachmittag und bereitete mein Meeting für den Abend vor. Natürlich hielt ich meine Augen und Ohren offen, um nach neuen Kandidaten für mein Geschäft auszuschauen.
Wie es der Zufall so wollte, setzte sich eine junge Frau Ende 20 an den Nebentisch, bestellte sich einen Kaffee und begann zu lesen.
Mir war sofort Ihre auffällige Tasche aufgefallen, und ich hatte damit einen perfekten Grund, sie anzusprechen. Es stellte sich heraus, dass sie Verwaltungsfachangestellte war und sehr, sehr schüchtern.

Wir unterhielten uns lange, und sie berichtete mir, sie käme nicht aus München, und es wäre so unglaublich schwer, in einer solchen Stadt neue Leute kennenzulernen. Da ich sie sehr sympathisch fand und sie für mich als Mitarbeiterin interessant war, tauschten wir Telefonnummern aus. Ich versprach ihr, mich zu melden und Ihr einige Leute vorzustellen.

Wir trafen uns einige Male und ich vergaß über den zahlreichen netten Gesprächen ganz, mein Geschäft und ihre Rolle in der Sache zu erwähnen (Sie ist nie Mitarbeiterin bei mir geworden). Ich brachte ihr bei, ihre Schüchternheit abzulegen und wie man offen und locker auf andere zugehen kann. So entwickelte sich eine tolle Freundschaft.

Diese junge Frau gehört heute zu meinen engen Freunden, sie hat mittlerweile einen großen Bekanntenkreis in München, und wenn Sie dieses Buch in Händen halten, ist sie sicherlich schon mit ihrem jetzigen Verlobten (der übrigens zu meinen absolut besten Empfehlungsgebern gehört), von der Hochzeitsreise zurückgekehrt.

Doch das Unglaublichste kommt immer zum Schluss: Sie werden nie erraten, wo Sie ihn kennengelernt hat — in genau dem Café, in dem ich sie angesprochen hatte.

PART 8
ERSTE SCHRITTE

Wenn Sie anfangen, den Direktkontakt mit der 2BEKNOWN-Methode zu lernen, dann ist das wie bei den meisten Dingen, an die man sich neu heranwagt: Am Anfang lernen Sie am meisten und machen die größten Fortschritte, und je länger Sie etwas praktizieren, um so geringer ist die Verbesserung.

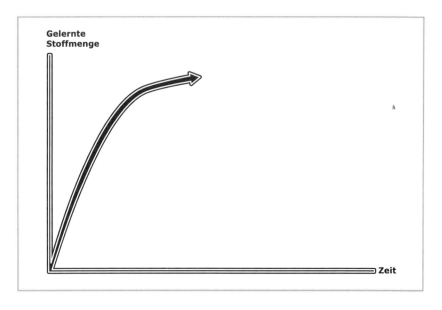

Genauso ist das auch beim Kontakten. Anfangs trauen Sie sich vielleicht noch nicht, jemanden anzusprechen.

Ist diese Hürde überwunden, und Sie haben mit der Kontaktaufnahme keine Probleme mehr, rückt die Frage nach den Quoten in den Vordergrund. Je häufiger Sie Menschen ansprechen, desto besser werden Sie auch. Am Anfang erzielen Sie nach kurzer Zeit Ergebnisse, um dann letztendlich an Ihrer Technik und der sozialen Interaktion zu feilen, bis Sie ein hocheffizienter Kontakter geworden sind. Das Endziel sollte sein, dass Ihr „Kontaktmuskel" reflexartig arbeitet.

Diese Fähigkeit ist unbezahlbar. Sie ist nicht nur im geschäftlichen, sondern auch im privaten Bereich vorzüglich anwendbar und ein Garant für den Erfolg.

Viele Kontakter und Menschen auf unseren Workshops legen nach kurzer Zeit Ihre Kontaktangst ab und erfahren ganz neue Möglichkeiten.

Das Tolle am Direktkontakt ist, dass er sich nicht nur für den Vertrieb, sondern für jedes Geschäft eignet. Wenn Sie eines Tages beschließen, in Italien einen Biergarten zu eröffnen und die Sprache beherrschen, dann können Sie dadurch sofort Kontakte generieren, die Ihnen dieses Vorhaben erheblich erleichtern.

LEHRJAHRE SIND KEINE HERRENJAHRE

Der Anfänger im Direktkontakt spricht anfangs vor allem Menschen an, um seine Fähigkeiten zu verbessern und zu verinnerlichen.
Er versucht nicht sofort, neue Geschäftspartner zu gewinnen und zahllose Telefonnummern zu sammeln.
Viel eher geht es darum, seine Sozialkompetenz und die eigene Persönlichkeit auszubilden.

Sie dürfen dem Ausgang eines einzelnen Gesprächs nicht zu viel Bedeutung geben.
Es ist eher wie ein Videospiel: Wenn Sie verlieren, drücken Sie den Startknopf und fangen von vorne an. Wenn Sie dem einzelnen Kontakt zu viel Bedeutung geben, werden Sie nervös und damit unsicher.
Am besten ist die Einstellung:
„Es gibt 6 Milliarden Menschen auf der Erde, was solls?"
Anfangs geht es darum, zu trainieren und Spaß zu haben.

Denn alles zahlt sich aus! Nach einiger Zeit des Übens, wenn Ihre Kontakte professioneller und strukturierter aufgebaut sind, können Sie den Direktkontakt für Ihr Geschäft nutzen, wie Sie wollen. Dann machen Sie sich keine Gedanken mehr über Zurückweisung oder unangenehme Situationen. Dann genießen Sie einfach die soziale Interaktion, neue Menschen und Geschäftspartner kennenzulernen.

Und so haben Sie automatisch die beste und erfolgreichste Einstellung mit den besten Resultaten.

Druck erzeugt auch immer Gegendruck. Deshalb ist es am besten, die Erwartungen hinten anzustellen. Denn je mehr man loslassen kann, desto schneller stellen sich Ergebnisse ein.

Seien Sie sich über eines bewusst:

„JEDER ist rekrutierbar! Nur nicht von jedem und nicht zu jeder Zeit!"
Tobias Schlosser

DAS ERSTE MAL UND IMMER WIEDER

Es ist noch kein Meister vom Himmel gefallen. Direktkontakten zu erlernen, ist so ähnlich wie Fahrradfahren. Am Anfang sind Sie ungeübt und wissen nicht wirklich, was Sie da tun.

Doch wenn Sie etwas üben und an der Thematik dranbleiben, geht es immer besser.
Schon nach kurzer Zeit können Sie Ihre Stützräder abmontieren und haben die Bewegungsabläufe verinnerlicht. Sie müssen nicht mehr nachdenken, was Sie da tun, können Kurven fahren und die Geschwindigkeit erhöhen.
Aus Angst wird Spaß, und die Mühe zahlt sich vielfach aus.

Haben Sie Mut und sprechen Sie die Menschen immer und immer wieder an. Nicht nur Ihr Geschäft, sondern Ihr ganzes Leben wird sich nachhaltig positiv verändern. Wenn Sie fähig sind, immer und überall mit den Menschen in Kontakt zu treten, werden Sie viele tolle Freunde und Geschäftspartner kennenlernen, die Ihr Leben bereichern.
Ich wünsche Ihnen viel Spaß und Vergnügen beim Erlernen dieser außergewöhnlichen Fähigkeit.
Mögen all Ihre Wünsche und Träume in Erfüllung gehen!

Ihr Alexander Riedl

HERZLICHEN GLÜCKWUNSCH!

Nun sind Sie am Ende des 2BEKNOWN-Handbuches zum Thema Direktkontakt angekommen. Sie halten die besten Informationen, Taktiken, Strategien und Wissen, welches wir in langjähriger Detailarbeit erworben und für Sie zusammengetragen haben, komprimiert in Ihren Händen.

Wir sind eine Gruppe von Experten, die auch anderen Vertriebsmitarbeitern die Möglichkeit geben will, diese fantastische Möglichkeit der Mitarbeitergewinnung zu nutzen.

Melden auch Sie sich zu unserem Newsletter an, um jede Menge kostenlose Tipps und Tricks, sowie immer neue Informationen zum Thema Direktkontakt zu erhalten.

Wir wünschen Ihnen ein erfülltes Leben mit einer Menge hochwertiger Kontakte.

Ihr Tobias Schlosser & Rainer von Massenbach

WIE GEHT ES WEITER?

Jetzt, da Sie mit der Materie vertraut sind, fragen Sie sich sicherlich, wo Sie mehr Informationen zu diesem Thema finden. Hier ist das, was wir Ihnen bisher anbieten können:

- Unser gesamtes Angebot finden Sie unter **www.2beknown.de**

- Es gibt keinen Ersatz für Live-Seminare und Workshops. Unseren Terminkalender finden Sie auf oben genannter Homepage.
  Sie können ein Seminar besuchen oder ein Seminar und einen Workshop, oder auch ein speziell auf Sie und Ihre Firma zugeschnittenes Programm – wie z.B. die Ansprache von High Potentials für Ihr Finanzunternehmen, wie man an einem Tag 100 Kontakte macht oder erfolgreich Menschen für sein MLM gewinnt.

- Persönliche Konsultationen sind auch sehr beliebt! Als Führungskraft können Sie sich in 1:1-Coachings auf jedem Level des Direktkontakts schulen lassen.

- **Schreiben Sie uns! Wir freuen uns zu hören, wie die Dinge laufen, wie Ihre Fortschritte sind, und wie wir Ihnen helfen können. Schicken Sie uns eine E-Mail mit Ihrem Feedback an: info@2beknown.de**

- Wenn Sie spannende Dinge und Geschichten erleben, dann lassen Sie uns bitte daran teilhaben.

Bibliografische Information der Deutschen Nationalbibliothek. Die Deutsche Nationalbibliothek verzeichnet diese Publikation in der Deutschen Nationalbibliografie; detaillierte bibliografische Daten sind im Internet über http://dnb.d-nb.de abrufbar.

ISBN 978-3-8370-6085-0

Impressum:

2BEKNOWN
Riedl & von Massenbach Consulting GbR
Oskar-von-Miller-Ring 33
80333 München

www.2beknown.de

Autoren: Alexander Riedl, Rainer von Massenbach, Tobias Schlosser

Lektorat: Dr. Heinz Vestner

Gestaltung: www.phuongherzer.de

Alle Rechte vorbehalten. Kein Teil des Werks darf in irgendeiner Form (Druck, Fotokopie, Mikrofilm oder in einem anderen Verfahren) ohne schriftliche Genehmigung des Verlags reproduziert oder unter Verwendung elektronischer Systeme verarbeitet, vervielfältigt oder verbreitet werden.

© 2BEKNOWN - All Rights Reserved